Silvia Knöbl

Dekorative Häkelideen

Silvia Knöbl

Dekorative Häkelideen

Wandschmuck, Türkränze, kleine Geschenke

AUGUSTUS

Inhalt

Vorwort

Das ganze Jahr über gibt es Anlässe, für die man ein passendes Geschenk sucht.

»Was schenke ich Oma zum Geburtstag?« –oder – »Womit könnte ich meiner Mutter zum Muttertag eine Freude bereiten?«

In diesem Buch finden Sie selbst gehäkelte, hübsch dekorierte Geschenke für jeden Anlass. Ob zu Ostern, zum Muttertag, zum Geburtstag oder als kleine Aufmerksamkeit für zwischendurch, jeder wird in diesem Buch Anregungen finden. Denn: »Kleine Geschenke erhalten die Freundschaft« – und ganz besonders, wenn es sich um selbst gemachte Aufmerksamkeiten handelt!

Die meisten vorgestellten Ideen erfordern keine großen Häkelkünste. Allerdings sind manche Dekorstücke etwas zeitaufwändiger. Dafür hat man aber auch für lange Zeit ein besonderes Stück im Haus.

Zum Abschluss möchte ich Ihnen noch einen Tipp geben:

Auch wenn die Modelle nach Jahreszeiten geordnet sind, experimentieren Sie mit den Farben und probieren Sie die Vorschläge auch in anderen Garnfarben aus. Sie werden sehen, wie sich ein Modell verändert, wenn man es in einer anderen Farbe häkelt.

Viel Spass beim Nacharbeiten!

Material

Um die in diesem Buch vorgestellten Modelle nachzuarbeiten, ist grundsätzlich kein großer Materialaufwand nötig. Sie brauchen:

1. Häkelgarn der Stärke 10 und 20 in den entsprechenden Farben, bzw. Baumwoll- oder Effektgarne
2. Garn- bzw. Wollhäkelnadeln (die erforderliche Stärke ist bei jedem Modell angegeben)
3. Dekorbänder
4. Styroporkränze, Plexiglaskugeln, Drahtformen
5. verschiedenes Dekormaterial, je nach Jahreszeit
6. evtl. Dekorlacke
7. farbigen Karton
8. Klebstoffe (Papier- und Textilkleber)

Grundmaschen

Beginn der Arbeit

Bei Arbeiten, die in Runden gehäkelt werden, beginne ich mit einem Fadenring. Dieser hat den Vorteil, dass man den Faden nach Abschluss der Arbeit fest zusammenziehen kann und daher keine unschönen Löcher entstehen.

Wer diese Technik nicht beherrscht, kann aber wie gewohnt in einen Luftmaschen-Ring häkeln. Die notwendige Maschenanzahl ist in Klammern angeführt.

Wird mit einer Luftmaschen-Kette begonnen, so ist immer angegeben, in welche Luftmasche die erste Masche gehäkelt wird. Es wird immer bei der ersten Luftmasche nach der Nadel zu zählen begonnen.

Fadenring

Den Faden wie zum Häkeln in die linke Hand nehmen, mit dem Fadenende eine Schlinge bilden, mit Daumen und Mittelfinger festhalten, durch diese Schlinge den Faden holen. Jetzt werden die Maschen der ersten Runde in diesen Fadenring gehäkelt.

Kettmasche

Von vorne in die folgende Masche stechen, eine Schlinge durchziehen und diese durch die auf der Nadel liegende Masche ziehen.

Feste Masche

Von vorne in die folgende Masche stechen, eine Schlinge durchziehen, einen Umschlag holen und durch die beiden auf der Nadel befindlichen Schlingen ziehen.

Stäbchen

Einen Umschlag auf der Häkelnadel bilden, von vorne in die folgende Masche stechen und eine Schlinge durchziehen. Es befinden sich nun drei Schlingen auf der Nadel. Nun einen Umschlag holen und durch die ersten zwei Schlingen ziehen, nochmals einen Umschlag holen und durch die letzten zwei Schlingen ziehen.

Doppelstäbchen

Zwei Umschläge auf der Häkelnadel bilden, von vorne in die folgende Masche stechen und eine Schlinge durchziehen. Es befinden sich nun vier Schlingen auf der Nadel. Einen Umschlag holen und durch die ersten zwei Schlingen ziehen, nochmals einen Umschlag holen und die nächsten zwei Schlingen abmaschen, noch einen Umschlag holen und die letzten zwei Schlingen abmaschen.

Dreifach- und Mehrfachstäbchen

Diese Stäbchen werden wie Doppelstäbchen gearbeitet, die Zahl vor dem Stäbchen gibt an, wie oft der Faden um die Häkelnadel geschlungen wird.
3-fach-Stäbchen = 3mal
4-fach-Stäbchen = 4mal
usw.
Es werden immer zwei Schlingen zusammen abgemascht.

Maschen in einer Reihe zunehmen

Die erste Masche wie gewohnt häkeln, die zweite Masche in dieselbe Einstichstelle häkeln.

Maschen in einer Reihe abnehmen

Die erste Masche wie gewohnt häkeln, jedoch die letzten zwei Schlingen nicht abmaschen, sondern auf der Nadel lassen. Jetzt die zweite Masche häkeln und solange jeweils zwei Schlingen abmaschen, bis die letzten drei Schlingen auf der Nadel sind. Diese drei Schlingen gemeinsam abmaschen.

Mehrere Maschen zusammenhäkeln

Oft wird im Text angegeben, dass Maschen gemeinsam abgemascht werden. Das bedeutet: Man häkelt die angegebene Masche, lässt aber die letzte Schlinge auf der Nadel – es befinden sich jetzt

zwei Schlingen auf der Nadel. Diese beiden Maschen werden gemeinsam abgemascht.

Werden mehrere Maschen zusammengehäkelt, so bleibt immer die letzte Masche auf der Nadel. So sind bei drei Maschen am Ende drei Schlingen, bei vier Maschen vier Schlingen usw. auf der Nadel, die zum Schluss gemeinsam abgemascht werden.

Jeweils fünf (oder auch mehr) gemeinsam abgemaschte Stäbchen oder Doppelstäbchen bezeichnet man auch als Büschelmasche oder als Noppe.

Pikot

Manchmal werden zwischen den einzelnen Maschen einer Reihe »Pikots« gehäkelt, um der Arbeit einen schönen Abschluss zu geben. Pikots bestehen fast immer aus 3 Luftmaschen und einer festen Masche, die in die erste Luftmasche gestochen wird. Die nächste Masche wird wie gewohnt gehäkelt.

Die Arbeit beenden

Um die Arbeit zu beenden, wird der Faden durch die auf der Nadel liegende Schlinge gezogen und abgeschnitten. Lassen Sie den Faden lange genug hängen, um ihn auch gut vernähen zu können.

Zeichenerklärung

Im Text werden die rechts angeführten Abkürzungen verwendet. Klammern in der Arbeitsbeschreibung geben die Maschengruppen an, die mehrmals wiederholt werden. Die Zahl vor der Klammer gibt an, wie oft diese Maschengruppe zu häkeln ist.

Beispiel:
5mal (2 St in eine Masche – 1 St)
Das bedeutet, Sie häkeln zwei Stäbchen in eine Masche der Vorrunde und 1 Stäbchen in die folgende Masche, und wiederholen das Ganze fünfmal. Es kann auch angegeben sein, dass diese Maschengruppe bis zum Ende der Runde oder Reihe wiederholt wird.

In der Häkelschrift werden die Maschen mit den ebenfalls rechts angeführten Symbolen gezeichnet. Maschen, die unten zusammenlaufen, werden in eine Einstichstelle gehäkelt (siehe auch unter »Maschen zunehmen«).

Maschen, die oben zusammenlaufen, werden zusammengehäkelt (= gemeinsam abgemascht; siehe auch unter »Maschen abnehmen«).

Symbole/Abkürzungen

• = Lm / Luftmasche

= Km / Kettmasche

I = fM / feste Masche

T = hSt / halbes Stäbchen

= St / Stäbchen

= DSt / Doppelstäbchen

= 3-fach-Stäbchen

= 5 gemeinsam abgemaschte (gem. abgem.) St

= 2 gem. abgem. DSt in eine Masche

= 5 gem. abgem. DSt in eine Masche

Luftmaschen am Beginn einer Reihe ersetzen, wenn nicht anders angegeben, die erste Masche der Reihe.
1 Lm = 1 fM
2 Lm = 1 hSt
3 Lm = 1 St

In den Häkelschriften ist oft aus Platzgründen nur ein Teil einer Reihe (Runde) gezeichnet. Es ist aber immer mindestens ein Mustersatz angegeben, damit man die Reihe (Runde) sinngemäß bis zum Ende fortsetzen kann. Wenn mehrere Reihen oder Runden identisch sind, ist in der Häkelschrift manchmal nur eine Reihe / Runde gezeichnet und entsprechend am Rand numeriert.

Manchmal ist die Anleitung eines Modells in zwei Häkelschriften gezeichnet. Die letzte Reihe der »Häkelschrift 1« wiederholt sich dann in »Häkelschrift 2« als erste Reihe, um den Anschluss deutlich zu machen. Achten Sie darauf, dass Sie diese Reihe nicht zweimal häkeln!

Filet-Häkeltechnik

Einige Modelle in diesem Buch werden in Filet-Technik gearbeitet. Diese Arbeiten bestehen ausschließlich aus Luftmaschen und Stäbchen. Um die Schreibweise und das Zählen zu vereinfachen, werden die Maschen beim Filet-Häkeln in »Kästchen« zusammengefasst. Ein Kästchen besteht immer aus drei Maschen und endet mit dem ersten Stäbchen des nächsten Kästchens. Grundsätzlich unterscheidet man sogenannte »volle« und »leere« Kästchen.

□ = **Leeres Kästchen (LK):** 2 Lm – 2 Maschen der Vorreihe überspringen – 1 St

⊠ = **Volles Kästchen (VK):** 3 St

Jede Reihe beginnt immer mit 3 Wende-Luftmaschen, die nicht mitgezählt werden und endet mit einem Stäbchen.

Gittermaschen

Eine interessante Variante des Filet-Musters sind die »Gittermaschen«. Gittermaschen werden immer als zwei Kästchen gezählt und bestehen aus zwei Reihen:

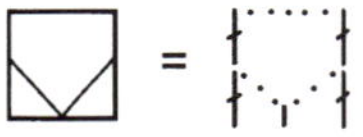

Gittermasche 2
Gittermasche 1

1. Reihe (G1):
2 (3) Lm – 2 Maschen der Vorreihe überspringen – 1 fM in die 3. Masche (oder in den Lm-Bogen der Vorreihe) häkeln – 2 (3) Lm – 2 Maschen der Vorreihe überspringen – 1 St.

2. Reihe (G2):
5 Lm – die Lm und die fM der Vorreihe überspringen und ein St auf das nächste St der Vorreihe häkeln.

Verbindungsmaschen

Bei runden, bzw. halbrunden Arbeiten ist es oft notwendig, die einzelnen Mustersätze zu verbinden, um die benötigte Weite zu erreichen. Diese Verbindungsmaschen sind bei der jeweiligen Arbeit angegeben.

Randmaschen

Bei einem Fächer ist es notwendig, für einen festen, regelmäßigen Rand zu sorgen, damit die Arbeit auch gut ausgearbeitet werden kann. Diese Maschen werden als Randmaschen bezeichnet und sind bei jeder Anleitung angegeben.

Frühling

Dekorhut »Frühling«

Material

- ✔ Häkelgarn *Aida 10* von *Coats Mez*, Fb 123, lila, oder Fb 293, gelb
- ✔ Garnhäkelnadel Nr. 1,5
- ✔ Plexiglas-Kugel, 10 cm Durchmesser
- ✔ Dekor-Kerzenring und Dekormaterial
- ✔ Dekorbänder, gelb oder lila

Anleitung

Kopfteil

Es wird in Runden gearbeitet, jede Runde wird, wenn nicht anders angegeben, mit einer Km geschlossen.

Einen Fadenring bilden oder 5 Lm mit einer Km zum Ring schließen.

1. Runde:
5 Lm – 5mal (2 St – 2 Lm) – 1 St in den Fadenring häkeln.
Die 1. Runde mit einer Km in die 3. Anfangs-Lm schließen.

2. Runde:
2 Km zum Lm-Bogen der Vorreihe. 3 Lm – 2 zus. abgemaschte DSt – 5mal (3 zus. abgem. DSt in den nächsten Lm-Bogen – 6 Lm – 3 zus. abgem. DSt in denselben Lm-Bogen) – 3 zus. abgem. DSt in den 1. Lm-Bogen – 2 Lm.
Die Runde mit einem 3-fach-St in die 3. Anfangs-Lm schließen.

3. Runde:
10 Lm – 5mal (3 St in den Lm-Bogen der Vorrunde – 7 Lm) – 2 St.

4. Runde:
6 Lm – 5mal (2 St in den Lm-Bogen – 3 Lm – 2 St in ein St – 1 St – 2 St in ein St – 3 Lm) – 2 St in den Lm-Bogen – 3 Lm – 2 St in ein St – 2 St.

5. Runde:
6 Lm – 5mal (2 St in die St der Vorrunde – 3 Lm – 2 St in ein St – 3 St – 2 St in ein St – 3 Lm) – 2 St – 3 Lm – 2 St in ein St der Vorrunde – 4 St.

6. Runde:
6 Lm – 5mal (2 St in die St der Vorrunde – 3 Lm – 2 St in ein St – 5 St – 2 St in ein St – 3 Lm) – 2 St – 3 Lm – 2 St in ein St – 6 St.

7. Runde:
6 Lm – 5mal (2 St in die St der Vorrunde – 3 Lm – 2 St in ein St – 7 St – 2 St in ein St – 3 Lm) – 2 St – 3 Lm – 2 St in ein St – 8 St.

8. Runde:
6 Lm – 5mal (2 St in die St der Vorrunde – 3 Lm – 11 St – 3 Lm) – 2 St – 3 Lm – 10 St.

9. Runde:
3 Lm – 4 St in den Lm-Bogen – 5mal (2 Lm – 4 St in den Lm-Bogen – 5 St – 2 Lm – 1 St der Vorrunde überspringen – 5 St – 4 St in den Lm-Bogen) – 2 Lm – 4 St in den Lm-Bogen – 5 St – 2 Lm – 1 St überspringen – 4 St.

10. Runde:
3 Lm – 4 St – 5mal (2 Lm – 7 St – 2 Lm – 2 St in den Lm-Bogen – 2 Lm – 2 St überspringen – 7 St) – 2 Lm – 7 St – 2 Lm – 2 St in den Lm-Bogen – 2 Lm – 2 St überspringen – 2 St.

Häkelschrift 1

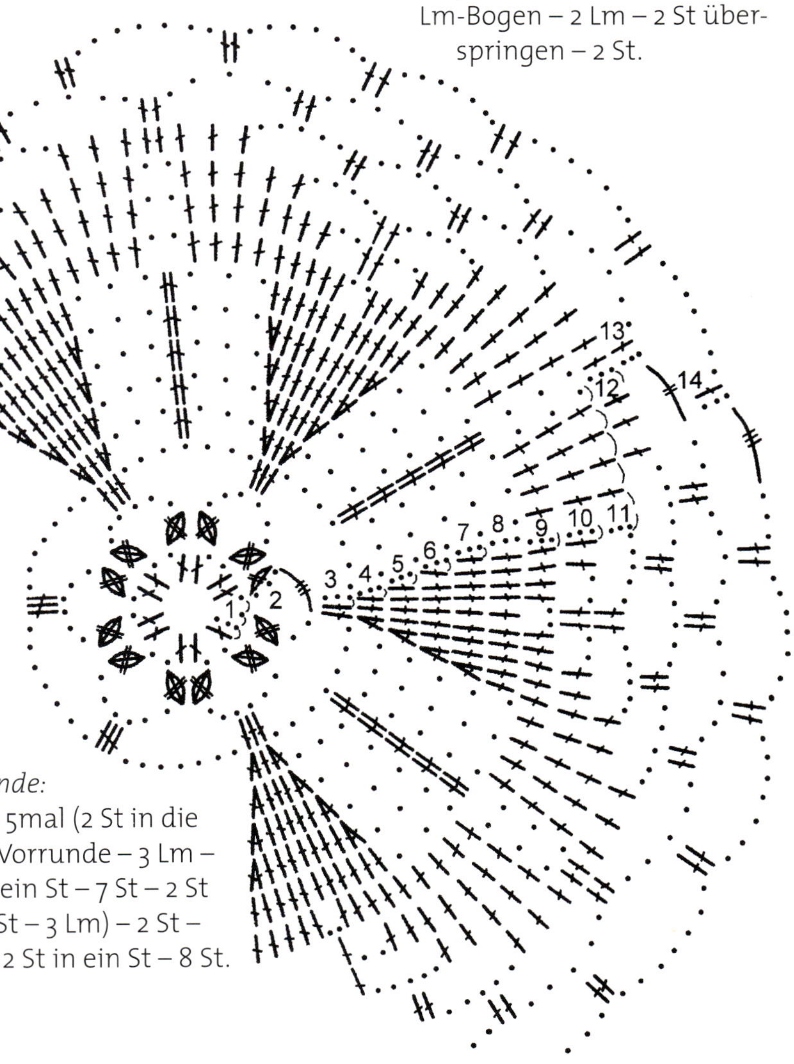

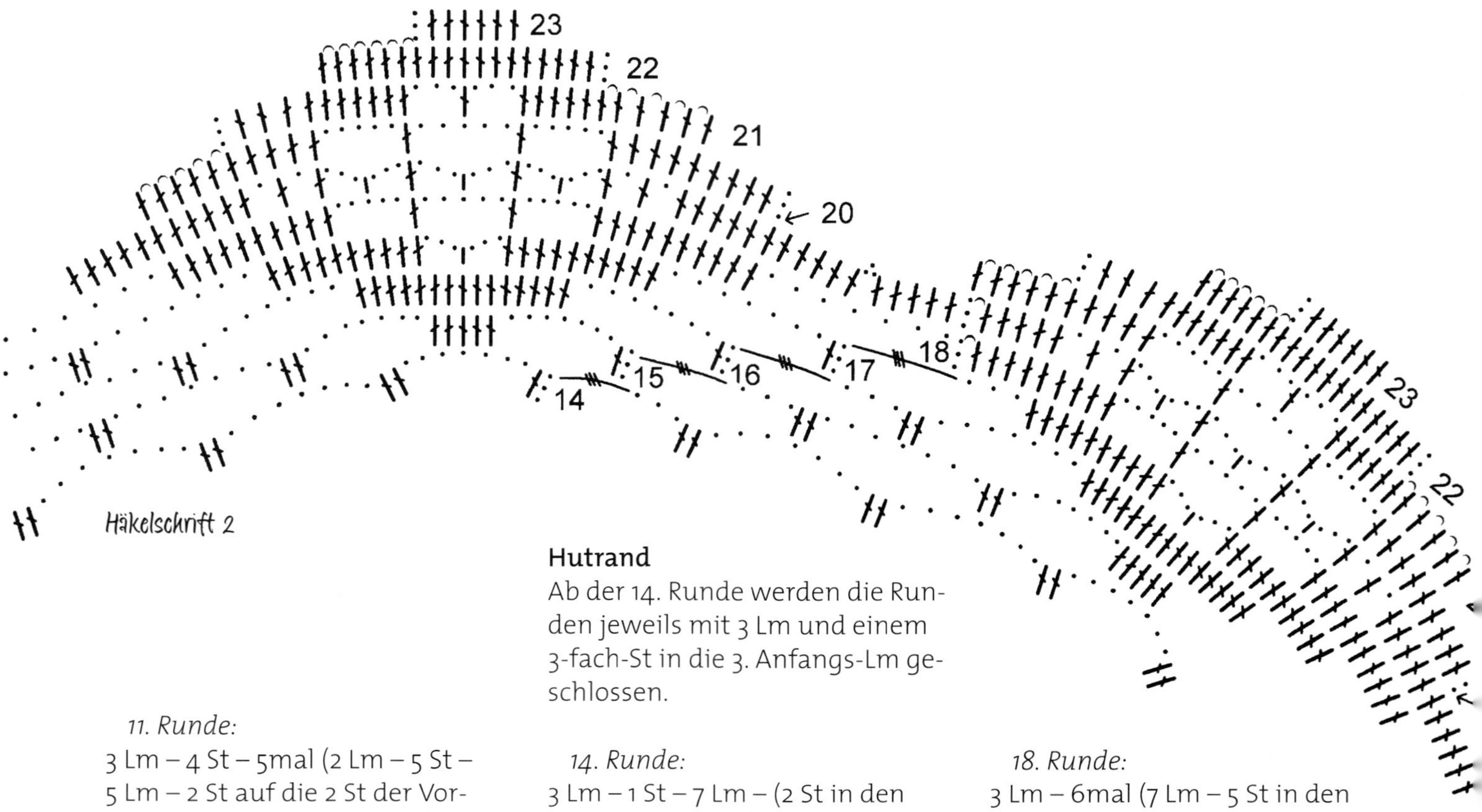

Häkelschrift 2

Hutrand
Ab der 14. Runde werden die Runden jeweils mit 3 Lm und einem 3-fach-St in die 3. Anfangs-Lm geschlossen.

11. Runde:
3 Lm – 4 St – 5mal (2 Lm – 5 St – 5 Lm – 2 St auf die 2 St der Vorrunde – 5 Lm – 2 St überspringen – 5 St) – 2 Lm – 5 St – 5 Lm – 2 St – 5 Lm.

12. Runde:
5 Km bis zum Lm-Bogen der Vorrunde – 3 Lm – 1 St in den Lm-Bogen – 3 St – 5mal (5 Lm – 2 St in den Lm-Bogen – 5 Lm – 2 St in den Lm-Bogen – 5 Lm – 2 St überspringen – 3 St – 2 St in den Lm-Bogen – 3 St) – 5 Lm – 2 St in den Lm-Bogen – 5 Lm – 2 St in den Lm-Bogen – 5 Lm – 3 St.

13. Runde:
3 Lm – 1 St – 5 Lm – (2 St in den Lm-Bogen, bzw. in die beiden mittleren der 7 St der Vorrunde – 5 Lm) bis zum Ende der Runde wiederholen.

Die Runde mit 2 Lm und einem DSt in die 3. Anfangs-Lm schließen.

14. Runde:
3 Lm – 1 St – 7 Lm – (2 St in den Lm-Bogen – 7 Lm) bis zum Ende der Runde wiederholen.

15. Runde:
3 Lm – 1 St – 6mal (7 Lm – 5 St in den Lm-Bogen – 7 Lm – 2 St in den Lm-Bogen – 7 Lm – 2 St in den Lm-Bogen – 7 Lm – 2 St in den Lm-Bogen).

16. Runde:
3 Lm – 1 St – 6mal (7 Lm – 5 St in den Lm-Bogen – 5 St auf die St der Vorrunde – 5 St in den Lm-Bogen – 7 Lm – 2 St in den Lm-Bogen – 7 Lm – 2 St in den Lm-Bogen).

17. Runde:
3 Lm – 1 St – 6mal (7 Lm – 5 St in den Lm-Bogen – 5 St auf die St der Vorrunde – 3 Lm – 2 St überspringen – 1 fM – 3 Lm – 2 St überspringen – 5 St – 5 St in den Lm-Bogen – 7 Lm – 2 St in den Lm-Bogen).

18. Runde:
3 Lm – 6mal (7 Lm – 5 St in den Lm-Bogen – 5 St auf die St der Vorrunde – 5 Lm – 4 St der Vorrunde überspringen – 1 St – 5 Lm – den Lm-Bogen der Vorrunde überspringen – 1 St – 5 Lm – 4 St der Vorrunde überspringen – 5 St – 5 St in den Lm-Bogen).

19. Runde:
3 Lm –6mal (5 St in den Lm-Bogen – 3 Lm – 5 St in den Lm-Bogen – 6 St in die St der Vorrunde – 1 Lm – 1 St der Vorrunde überspringen – 1 St – 1 Lm – 1 St der Vorrunde überspringen – 1 St – 3 Lm – 1 fM in den Lm-Bogen – 3 Lm – 1 St in das St der Vorrunde – 3 Lm – 1 fM in den Lm-Bogen – 3 Lm – 1 St in das St der Vorrunde – 3 Lm – 1 fM in den Lm-Bogen – 3 Lm – 1 St in das St der Vorrunde – 1 Lm – 1 St der Vorrunde überspringen – 1 St – 1 Lm – 1 St der Vorrunde überspringen – 6 St).

Für die 20. bis 23. Runde wird neu angekettet und jede Spitze einzeln nach Häkelschrift fertiggestellt (siehe Pfeil in der Häkelschrift).

Ausarbeitung

Faden abschneiden und gut vernähen.

Die Arbeit stärken und den Kopfteil über eine halbe Plexiglaskugel von 10 cm Durchmesser spannen. Über der Öffnung der Halbkugel, wie im Detailfoto zu sehen ist, überkreuzt Fäden spannen. Die Spannfäden zusammenziehen, gut verknoten.

Den Rand des Hutes gleichmäßig flach aufspannen und mit Stecknadeln auf einer Unterlage fixieren. Die Arbeit gut trocknen lassen. Zum Aufhängen des Dekorhutes durch die Öse der Plexiglas-Kugel ein farblich passendes Satinband ziehen.

Bei dem gelben Hut ziehen Sie durch die 14. Reihe ein Dekorband und dekorieren es mit kleinen Blümchen. Für das lilafarbene Modell wird die Dekoration auf den Spannfäden angenäht (oder mit Heißkleber befestigt).

Türschleife »Muttertag«

(Filet-Häkeltechnik, siehe Seite 7)

Material

- Häkelgarn *Eldorado* von *Coats Mez,* Fb 4201, rosa
- Garnhäkelnadel Nr. 1,5
- ca. 150 cm weißes Satin-Band, 11 cm breit
- Textilkleber
- Dekormaterial

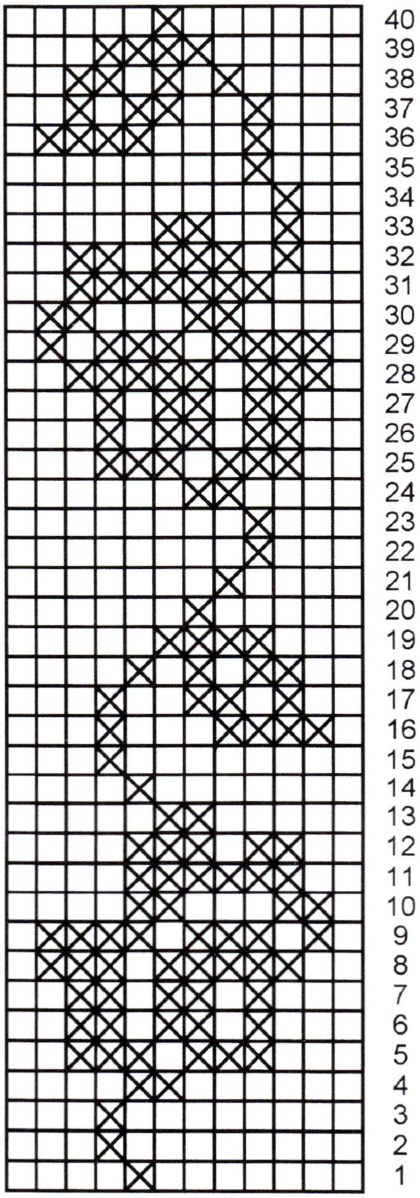

Häkelschrift 1

Anleitung

Jede Reihe beginnt mit 3 Wende-Lm.

1. Reihe:
42 Lm anschlagen und das erste St in die 9. Lm (von der Nadel aus gezählt) häkeln (= 1 LK) – 6 LK – 1 VK – 4 LK.

2. Reihe:
3 LK – 1 VK – 8 LK.

3. Reihe:
8 LK – 1 VK – 3 LK.

4. Reihe:
4 LK – 2 VK – 6 LK.

5. Reihe:
3 LK – 3 VK – 1 LK – 3 VK – 2 LK.

6. Reihe:
2 LK – 2 VK – 1 LK – 2 VK – 1 LK – 1 VK – 3 LK.

7. Reihe:
3 LK – 1 VK – 1 LK – 2 VK – 1 LK – 2 VK – 2 LK.

8. Reihe:
1 LK – 3 VK – 1 LK – 5 VK – 2 LK.

9. Reihe:
1 LK – 1 VK – 1 LK – 3 VK – 1 LK – 4 VK – 1 LK.

10. Reihe:
4 LK – 2 VK – 3 LK – 2 VK – 1 LK.

11. Reihe:
2 LK – 6 VK – 4 LK.

12. Reihe:
4 LK – 3 VK – 1 LK – 2 VK – 2 LK.

13. Reihe:
5 LK – 2 VK – 5 LK.

14. Reihe:
4 LK – 1 VK – 7 LK.

15. Reihe:
8 LK – 1 VK – 3 LK.

16. Reihe:
3 LK – 1 VK – 3 LK – 4 VK – 1 LK.

17. Reihe:
2 LK – 1 VK – 1 LK – 2 VK – 2 LK – 1 VK – 3 LK.

18. Reihe:
4 LK – 1 VK – 1 LK – 1 VK – 1 LK – 2 VK – 2 LK.

19. Reihe:
3 LK – 4 VK – 5 LK.

20. Reihe:
6 LK – 1 VK – 5 LK.

21. Reihe:
4 LK – 1 VK – 7 LK.

22. Reihe:
8 LK – 1 VK – 3 LK.

23. Reihe:
3 LK – 1 VK – 8 LK.

24. Reihe:
6 LK – 2 VK – 4 LK.

25. Reihe:
2 LK – 3 VK – 1 LK – 3 VK – 3 LK.

26. Reihe:
3 LK – 1 VK – 1 LK – 2 VK – 1 LK – 2 VK – 2 LK.

27. Reihe:
2 LK – 2 VK – 1 LK – 2 VK – 1 LK – 1 VK – 3 LK.

28. Reihe:
2 LK – 5 VK – 1 LK – 3 VK – 1 LK.

29. Reihe:
1 LK – 4 VK – 1 LK – 3 VK – 1 LK – 1 VK – 1 LK.

30. Reihe:
1 LK – 2 VK – 3 LK – 2 VK – 4 LK.

31. Reihe:
3 LK – 7 VK – 2 LK.

32. Reihe:
2 LK – 2 VK – 1 LK – 3 VK – 1 LK – 1 VK – 2 LK.

33. Reihe:
2 LK – 1 VK – 2 LK – 2 VK – 5 LK.

34. Reihe:
9 LK – 1 VK – 2 LK.

35. Reihe:
3 LK – 1 VK – 8 LK.

36. Reihe:
1 LK – 4 VK – 3 LK – 1 VK – 3 LK.

37. Reihe:
3 LK – 1 VK – 2 LK – 2 VK – 1 LK – 1 VK – 2 LK.

38. Reihe:
2 LK – 2 VK – 1 LK – 1 VK – 1 LK – 1 VK – 4 LK.

39. Reihe:
5 LK – 4 VK – 3 LK.

40. Reihe:
5 LK – 1 VK – 6 LK.

Die Reihen 1 bis 40 wiederholen, danach die Reihen 1 bis 32 nochmals häkeln. Der Streifen ist nun insgesamt 112 Reihen lang. Danach die Spitze häkeln:

113. Reihe:
3 Lm – 1 St auf das St der Vorreihe – 3 LK – 2 VK – 4 LK – 2 Lm – die letzten 2 St der Reihe zusammenhäkeln.

114. Reihe:
3 Lm – 7 LK – 2 Lm – die letzten 2 St zusammenhäkeln.

115. Reihe:
3 Lm – 5 LK – 2 Lm – die letzten 2 St zusammenhäkeln.

116. Reihe:
3 Lm – 3 LK – 2 Lm – die letzten 2 St zusammenhäkeln.

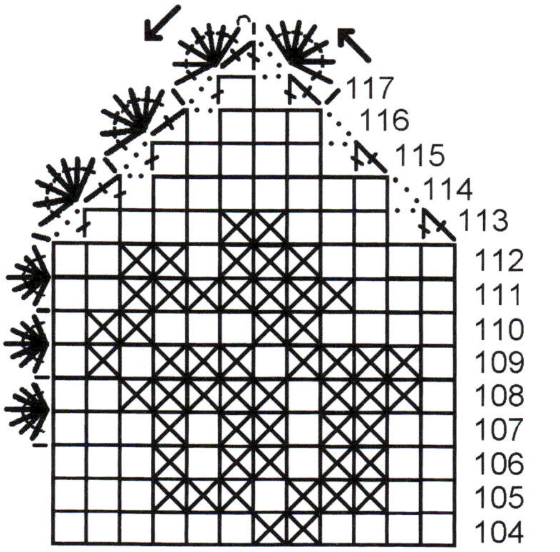

Häkelschrift 2

117. Reihe:
3 Lm – 1 LK – 2 Lm – die letzten 2 St zusammenhäkeln

118. Reihe:
3 Lm – die letzten 2 St zusammenhäkeln.

Für den 2. Teil der Schleife an der 1. Reihe neu anketten und die 112 Musterreihen häkeln. Im Anschluss die 2. Spitze arbeiten.

Zum Abschluss die gesamte Türschleife nach Häkelschrift 2 umhäkeln.

Ausarbeitung

Die Schleife stärken, in Form spannen und gut trocknen lassen. Die Häkelarbeit auf der Rückseite mit Textilkleber bestreichen und auf das Satinband kleben. Die Enden des Satinbandes einschlagen und zur Spitze nähen – oder mit Textilkleber kleben. Zur Schleife legen, in der Mitte abbinden und dekorieren.

Dekorfächer mit Herzmotiv

(Filet-Häkeltechnik, siehe Seite 7)

Material

- ✔ Häkelgarn *Aida 10* von *Coats Mez*, Fb 129, blau
- ✔ Garnhäkelnadel Nr. 1,5
- ✔ farbiger Karton
- ✔ wasserlöslicher Papierkleber
- ✔ Dekormaterial

Anleitung

1. Reihe:
15 Lm anschlagen, in die 5. Masche ab Nadel einstechen und 2 St häkeln – 5mal (1 St – 2 St in eine Masche).

2. Reihe:
3 Lm – 2 St – 5mal (2 St in eine Masche – 2 St).

Häkelschrift 1

Ab der 47. Reihe werden die Abschlussbögen – jeder für sich – fertiggestellt. Dafür wird jeweils beim Pfeil neu angekettet.

Ausarbeitung

Die Fäden gut vernähen, die Arbeit stärken, spannen und gut trocknen lassen.

Um den Fächer besser an der Wand befestigen zu können, schneidet man aus farbigem Karton einen Halbkreis aus. Der Karton sollte etwas grösser als der fertige Fächer zugeschnitten werden. Den gestärkten Fächer mit wasserlöslichem Papierkleber bestreichen und auf den Karton kleben. Auf der Rückseite einen Bildaufhänger befestigen. Das Dekormaterial ebenfalls ankleben.

3. Reihe:
3 Lm – 2 St – 5mal (2 St in eine Masche – 3 St).

4. Reihe:
3 Lm – 3 St – 4mal (1 Lm – 5 St) – 1 Lm – 4 St.

5. Reihe:
3 Lm – 3 St – 3 Lm – 4mal (5 St – 3 Lm) – 4 St.

6. Reihe:
3 Lm – 3 St – 4mal (2 Lm – 1 fM in den Lm-Bogen – 2 Lm – 2 St – 3 St in eine Masche – 2 St) – 2 Lm – 1 fM in den Lm-Bogen – 2 Lm – 4 St.

7. Reihe:
3 Lm – 3 St auf die 3 St der Vorreihe – 4mal (5 Lm – 3 St – 2 St in eine Masche – 3 St) – 5 Lm – 4 St.

Ab der 8. Reihe das Filetmuster nach Häkelschrift 2 arbeiten.

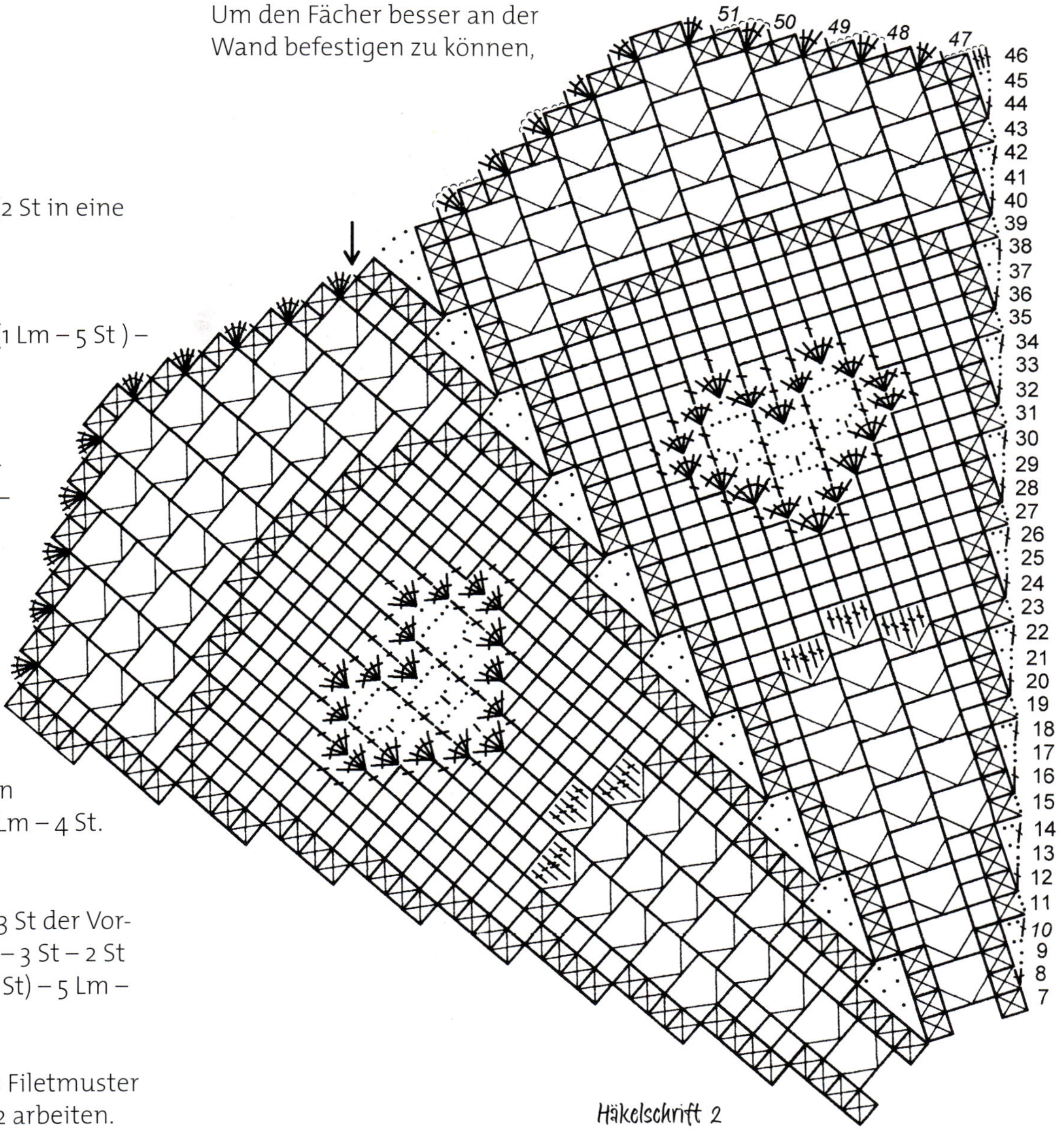

Häkelschrift 2

Sommer

Dekorhut »Sommer«

Material

- ✔ Häkelgarn *Eldorado* von *Coats Mez*, Fb 4202, pink
- ✔ Garnhäkelnadel Nr. 1,5
- ✔ rosafarbene Plexiglas-Kugel, 8 cm Durchmesser
- ✔ Dekormaterial

Anleitung

Kopfteil

Es wird in Runden gearbeitet, jede Runde wird, wenn nicht anders angegeben, mit einer Km geschlossen.

Einen Fadenring bilden oder 6 Lm mit einer Km zum Ring schließen.

1. Runde:
3 Lm – 17 St.

2. Runde:
6 Lm – 1 fM in das 3. St – 4mal (5 Lm – 1 St in das 3. St) – 2 Lm – die Runde mit einem DSt in die 1. Wende-Lm schließen.

3. Runde:
7 Lm – 3 St in den Lm-Bogen – 4mal (4 Lm – 3 St in den Lm-Bogen) – 4 Lm – 2 St in den letzten Lm-Bogen.

4. Runde:
6 Lm – 2 St in eine Masche – 1 St – 2 St in eine M – 4mal (3 Lm – 2 St in eine M – 1 St – 2 St in eine M) – 3 Lm – 2 St in eine M – 1 St – 1 St in die 3. Wende-Lm der Vorrunde.

5. Runde:
6 Lm – 2 St in eine M – 3 St – 2 St in eine M – 4mal (3 Lm – 2 St in eine M – 3 St – 2 St in eine M) – 3 Lm – 2 St in eine M – 3 St – 1 St in die 3. Wende-Lm der Vorrunde.

6. Runde:
5 Lm – 2 St in eine M – 5 St – 2 St in eine M – 4mal (2 Lm – 2 St in eine M – 5 St – 2 St in eine M) – 2 Lm – 2 St in eine M – 5 St – 1 St in die 3. Wende-Lm der Vorrunde.

7. Runde:
5 Lm – 2 St in eine M – 3 St – 1 Lm – 1 St der Vorrunde überspringen – 3 St – 2 St in eine M – 4mal (2 Lm – 2 St in eine M – 3 St – 1 Lm – 1 St der Vorrunde überspringen – 3 St – 2 St in eine M) – 2 Lm – 2 St in eine M – 3 St – 1 Lm – 1 St der Vorrunde überspringen – 3 St – 1 St in die 3. Wende-Lm der Vorrunde.

8. Runde:
4 Lm – 2 St in eine M – 4 St – 1 Lm – 4 St – 2 St in eine M – 4mal (1 Lm – 2 St in eine M – 4 St – 1 Lm – 4 St – 2 St in eine M) – 1 Lm – 2 St in eine M – 4 St – 1 Lm – 4 St – 1 St in die 3. Wende-Lm der Vorrunde.

9. Runde:
5 Lm – 3 St in den Lm-Bogen – 2 Lm – 5mal (2 St zus.häkeln – 4 St – 1 Lm – 4 St – 2 St zus.häkeln – 2 Lm – 3 St in den Lm-Bogen – 2 Lm) – 2 St zus.häkeln – 4 St – 1 Lm – 5 St.

10. Runde:
5 Lm – 3 St in den Lm-Bogen – 2 Lm – die St der Vorrunde über-

Häkelschrift 1

springen – 3 St in den Lm-Bogen – 2 Lm – 5mal (2 St zus.häkeln – 3 St – 2 St in den Lm-Bogen – 3 St – 2 St zus. häkeln – 2 Lm – 3 St in den Lm-Bogen – 2 Lm – 3 St in den nächsten Lm-Bogen – 2 Lm) – 2 St zus.häkeln – 9 St.

11. Runde:
5 Lm – 3 St in den Lm-Bogen – 2 Lm – 1 St in den nächsten Lm-Bogen – 2 Lm – 3 St in den nächsten Lm-Bogen – 2 Lm – 5mal (5mal 2 St zus.häkeln – 2 Lm – 3 St in den Lm-Bogen – 2 Lm – 1 St in den Lm-Bogen – 2 Lm – 3 St in den Lm-Bogen – 2 Lm) – 4mal 2 St zus. häkeln – 1 St.

12. Runde:
4 Km bis zum mittleren St – 5 Lm – 1 St auf das St der Vorrunde – 2 Lm – 3 St auf das mittlere St – 2 Lm – 5mal (2 St zus.häkeln – 1 St – 2 St zus.häkeln – 2 Lm – 3 St in das mittlere St – 2 Lm – 1 St auf das St der Vorrunde – 2 Lm – 3 St in das mittlere St – 2 Lm) – 2 St zus.häkeln – 1 St – 2 St zus.häkeln – 2 Lm – 2 St in das mittlere St.

Hutrand

13. Runde:
8 Lm – 1 St auf das St der Vorrunde – 5 Lm – 3 St – 5 Lm – 5mal (3 St zus.häkeln – 5 Lm – 3 St – 5 Lm – 1 St – 5 Lm – 3 St – 5 Lm) – 3 St zus.häkeln – 5 Lm.

14. Runde:
3 Lm – 2 St in den Lm-Bogen – 5 Lm – 1 fM – 5 Lm – 11mal (2 St in den Lm-Bogen – 1 St auf das erste St – 3 Lm – das mittlere St der Vorrunde überspringen – 1 St auf das letzte St – 2 St in den Lm-Bogen – 5 Lm – 1 fM auf das St bzw auf die

drei zus.gehäkelten St der Vorrunde – 5 Lm) – 2 St in den Lm-Bogen – 1 St – 3 Lm.

15. Runde:
2 Km zum letzten St – 3 Lm – 2 St in den Lm-Bogen – 3 Lm – 2 St in den Lm-Bogen – 1 St auf das erste St – 11mal (3 Lm – 1 fM in den Lm-Bogen – 3 Lm – 1 St auf das letzte St – 2 St in den Lm-Bogen – 3 Lm – 2 St in den Lm-Bogen – 1 St) – 3 Lm – 1 fM in den Lm-Bogen – 3 Lm.

16. Runde:
2 Km zum letzten St – 3 Lm – 5 St in den Lm-Bogen – 1 St auf das erste St – 11mal (5 Lm – 1 fM – 5 Lm – 1 St auf das letzte St – 5 St in den Lm-Bogen – 1 St auf das erste St) – 5 Lm – 1 fM – 5 Lm.

17. Runde:
3 Lm – 1 St – 4 Lm – 3 St überspringen – 2 St – 1 St in den Lm-Bogen – 11mal (5 Lm – 1 fM – 5 Lm – 1 St in den Lm-Bogen – 2 St – 4 Lm – 3 St überspringen – 2 St – 1 St in den Lm-Bogen) – 5 Lm – 1 fM – 5 Lm – 1 St in den Lm-Bogen.

18. Runde:
2 Km zum Lm-Bogen – 3 Lm – 2 St in den Lm-Bogen – 2 Lm – 3 St in den Lm-Bogen – 11mal (2 Lm – 1 St in das letzte St – 2 St in den Lm-Bogen – 3 Lm – 2 St in den Lm-Bogen – 1 St auf das erste St – 2 Lm – 3 St in den Lm-Bogen – 2 Lm – 3 St in den Lm-Bogen) – 2 Lm – 1 St in das letzte St – 2 St in den Lm-Bogen – 3 Lm – 2 St in den Lm-Bogen – 1 St – 2 Lm.

19. Runde:
3 Lm – 2 St – 2 St in den Lm-Bogen – 2 Lm – 2 St in den Lm-Bogen – 3 St – 11mal (2 Lm – 1 St in das letzte St – 5 St in den Lm-Bogen – 1 St auf das erste St – 2 Lm – 3 St –

Häkelschrift 2

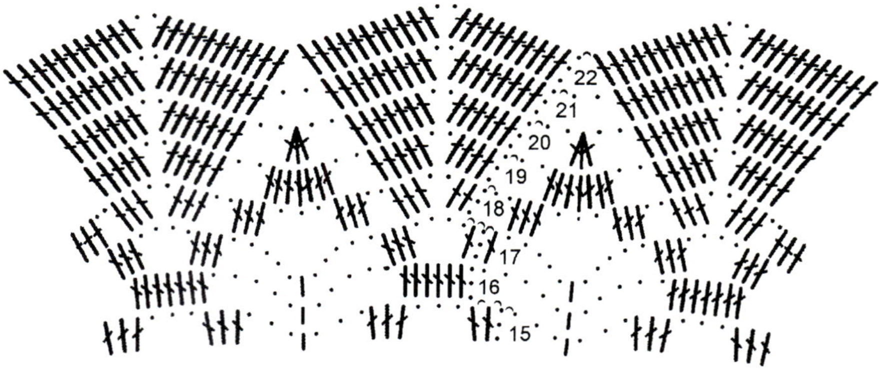

2 St in den Lm-Bogen – 2 Lm – 2 St in den Lm-Bogen – 3 St) – 2 Lm – 1 St in das letzte St – 5 St in den Lm-Bogen – 1 St – 2 Lm.

20. Runde:
3 Lm – 4 St – 2 St in den Lm-Bogen – 2 Lm – 2 St in den Lm-Bogen – 5 St – 11mal (2 Lm – die mittleren 3 St zus.häkeln – 2 Lm – 5 St – 2 St in den Lm-Bogen – 2 Lm – 2 St in den Lm-Bogen – 5 St) – 2 Lm – die mittleren 3 St zus.häkeln – 2 Lm.

21. Runde:
3 Lm – 6 St – 2 St in den Lm-Bogen – 2 Lm – 2 St in den Lm-Bogen – 7 St – 11mal (2 Lm – 7 St – 2 St in den Lm-Bogen – 2 Lm – 2 St in den Lm-Bogen – 7 St) – 2 Lm.

22. Runde:
3 Lm – 8 St – 2 St in den Lm-Bogen – 2 Lm – 2 St in den Lm-Bogen – 9 St – 11mal (9 St – 2 St in den Lm-Bogen – 2 Lm – 2 St in den Lm-Bogen – 9 St).

Ausarbeitung

Die Ausarbeitung ist auf Seite 11 beschrieben. Die Dekoration wird auf den Spannfäden angenäht (oder mit Heißkleber befestigt).

Tipp

Man kann mit dieser Anleitung auch Dekorkugeln arbeiten. Dafür werden zwei Kopfteile (Runde 1 bis 12) gehäkelt. Die beiden Teile über die geschlossene Plexiglas-Kugel ziehen und zusammenhäkeln oder -nähen.

Wandkranz mit Herzmotiv

(Filet-Häkeltechnik, siehe Seite 7)

Material

- ✔ Häkelgarn *Aida 10* von *Coats Mez*, Fb 46, rot
- ✔ Garnhäkelnadel Nr. 1,5
- ✔ Styropor-Halbring, 25 cm Durchmesser
- ✔ ca. 6 m weißes Dekorband, 40 mm breit
- ✔ Dekormaterial

Anleitung

Jede Reihe beginnt mit 3 Wende-Lm für das erste St. Jede Reihe endet mit einem St.

1. Reihe:
81 Lm anschlagen und in die 9. Lm (von der Nadel aus gezählt) das erste St häkeln (= 1 LK) – 4 LK – 1 VK – 13 LK – 1 VK – 5 LK.

2. Reihe:
5 LK – 1 VK – 13 LK – 1 VK – 5 LK.

3. Reihe:
5 LK – 1 VK – 3 LK – 1 VK – 5 LK – 1 VK – 3 LK – 1 VK – 5 LK.

4. Reihe:
5 LK – 1 VK – 2 LK – 3 VK – 3 LK – 3 VK – 2 LK – 1 VK – 5 LK.

5. Reihe:
5 LK – 1 VK – 1 LK – 2 VK – 1 LK – 2 VK – 1 LK – 2 VK – 1 LK – 2 VK – 1 LK – 1 VK – 5 LK.

6. Reihe:
5 LK – 1 VK – 1 LK – 1 VK – 2 LK – 1 VK – 1 LK – 1 VK – 1 LK – 1 VK – 2 LK – 1 VK – 1 LK – 1 VK – 5 LK.

7. Reihe:
5 LK – 1 VK – 1 LK – 1 VK – 4 LK – 1 VK – 4 LK – 1 VK – 1 LK – 1 VK – 5 LK.

8. Reihe:
5 LK – 1 VK – 1 LK – 1 VK – 9 LK – 1 VK – 1 LK – 1 VK – 5 LK.

9. Reihe:
5 LK – 1 VK – 2 LK – 1 VK – 7 LK – 1 VK – 2 LK – 1 VK – 5 LK.

10. Reihe:
5 LK – 1 VK – 3 LK – 1 VK – 5 LK – 1 VK – 3 LK – 1 VK – 5 LK.

11. Reihe:
5 LK – 1 VK – 4 LK – 1 VK – 3 LK – 1 VK – 4 LK – 1 VK – 5 LK.

12. Reihe:
5 LK – 1 VK – 5 LK – 1 VK – 1 LK – 1 VK – 5 LK – 1 VK – 5 LK.

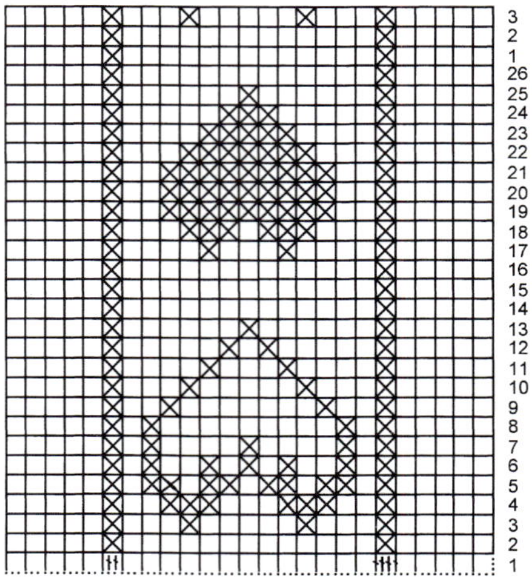

13. Reihe:
5 LK – 1 VK – 6 LK – 1 VK – 6 LK – 1 VK – 5 LK.

14. – 16. Reihe:
5 LK – 1 VK – 13 LK – 1 VK – 5 LK.

17. Reihe:
5 LK – 1 VK – 4 LK – 1 VK – 3 LK – 1 VK – 4 LK – 1 VK – 5 LK.

18. Reihe:
5 LK – 1 VK – 3 LK – 3 VK – 1 LK – 3 VK – 3 LK – 1 VK – 5 LK.

19. – 21. Reihe:
5 LK – 1 VK – 2 LK – 9 VK – 2 LK – 1 VK – 5 LK.

22. Reihe:
5 LK – 1 VK – 3 LK – 7 VK – 3 LK – 1 VK – 5 LK.

23. Reihe:
5 LK – 1 VK – 4 LK – 5 VK – 4 LK – 1 VK – 5 LK.

24. Reihe:
5 LK – 1 VK – 5 LK – 3 VK – 5 LK – 1 VK – 5 LK.

25. Reihe:
5 LK – 1 VK – 6 LK – 1 VK – 6 LK – 1 VK – 5 LK.

26. Reihe:
5 LK – 1 VK – 13 LK – 1 VK – 5 LK.

Ab der 27. Reihe wiederholt sich der Mustersatz, es wird daher wieder die erste Reihe gehäkelt. Es werden insgesamt 5 Mustersätze (= 130 Reihen) gearbeitet. Der Streifen sollte für einen Styropor-Halbring mit 25 cm Durchmesser ca. 13 cm breit und 58 cm lang sein.

Ausarbeitung

Die beiden Schmalseiten zusammennähen oder -häkeln.

Den Styropor-Ring mit dem Dekorband umwickeln und die Enden des Bandes an der Rückseite mit Stecknadeln befestigen. Den zusammengehäkelten Streifen über den Ring ziehen. Das Muster auf der Vorderseite ausrichten und mit Glaskopf-Stecknadeln fixieren. Den Kranz umdrehen, den Streifen etwas dehnen und die Längsseite zusammennähen. Um diese Arbeit zu erleichtern, die Ränder auch mit Glaskopf-Stecknadeln fixieren. Der Streifen muss gut über den Styropor-Ring gespannt werden, damit auf der Innenseite keine Falten entstehen. Die Hilfsnadeln auf der Vorder- und Rückseite entfernen und einen Bildaufhänger befestigen. Mit passenden Dekorbändern und Blumen verzieren.

Dekorfächer »Rosen«

(Filet-Häkeltechnik, siehe Seite 7)

Material

- ✔ Häkelgarn *Eldorado* von *Coats Mez*, Fb 4201, rosa
- ✔ Garnhäkelnadel Nr. 1,5
- ✔ farbiger Karton
- ✔ wasserlöslicher Papierkleber
- ✔ Dekormaterial

Anleitung

1. Reihe:
13 Lm anschlagen und in die 4. Lm (von der Nadel aus gezählt) das

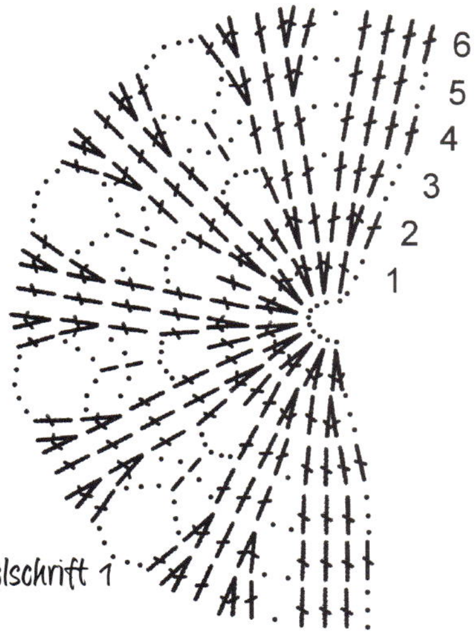

Häkelschrift 1

erste St häkeln, in jede Lm 2 St häkeln.

2. Reihe:
3 Lm – 2 St in das vorletzte St der Vorreihe – 1 St – 5mal (2 St in eine Masche – 2 St) – 2 St in eine Masche – 1 St.

3. Reihe:
3 Lm – 3 St – 1 Lm – 4mal (3 St – 5 Lm – 1 St überspringen) – 3 St – 1 Lm – 4 St.

4. Reihe:
3 Lm – 3 St – 2 Lm – 4mal (3 St – 2 Lm – 1 fM in den Lm-Bogen – 2 Lm) – 3 St – 2 Lm – 4 St.

5. Reihe:
3 Lm – 3 St – 2 Lm – 4mal (2 St in eine M – 1 St – 2 St in eine M – 3 Lm – 1 fM in die fM – 3 Lm) – 2 St in eine M – 1 St – 2 St in eine M – 2 Lm – 4 St.

6. Reihe:
3 Lm – 3 St – 1 Lm – 4mal (1 St – 2 St in eine M – 1 St – 2 St in eine M – 1 St – 5 Lm) – 1 St – 2 St in eine M – 1 St – 2 St in eine M – 1 St – 1 Lm – 4 St.

Ab der 7. Reihe nach der Häkelschrift 2 weiterarbeiten.

Ab der 44. Reihe werden die Abschlussbögen – jeder für sich – fertiggestellt. Dafür wird jeweils beim Pfeil neu angekettet.

Ausarbeitung

Die Ausarbeitung ist auf Seite 15 beschrieben.

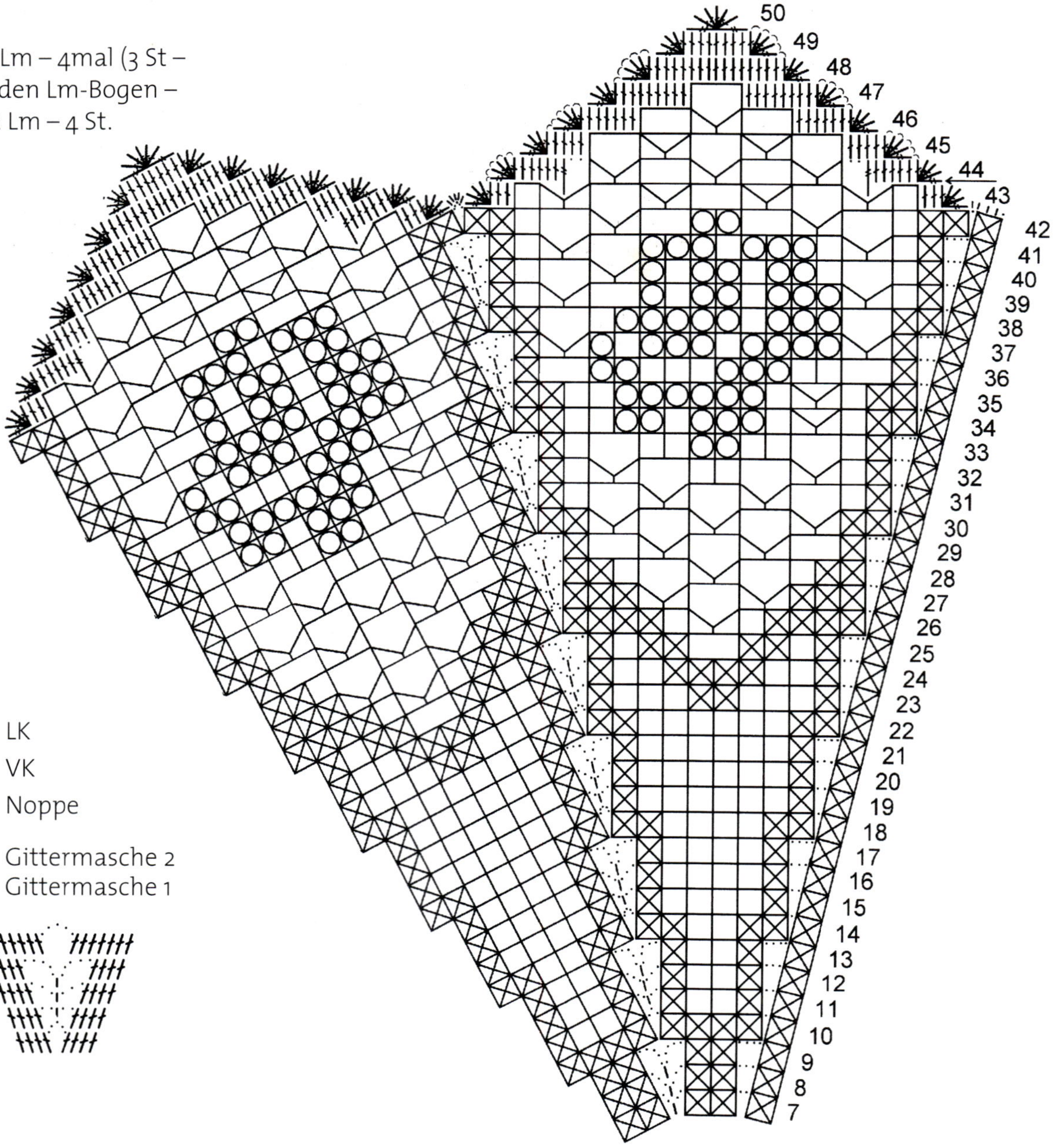

Häkelschrift 2

= LK
= VK
= Noppe
= Gittermasche 2 / Gittermasche 1

Herbst

Dekorhut »Herbst«

(Abbildung Seite 23)

Material

- ✔ Häkelgarn *Aida 10* von *Coats Mez*, Fb 293, gelb
- ✔ Garnhäkelnadel Nr. 1,5
- ✔ Plexiglas-Kugel, 10 cm Durchmesser
- ✔ Dekormaterial

Häkelschrift 1

Anleitung

Kopfteil

Es wird in Runden gearbeitet, jede Runde wird, wenn nicht anders angegeben, mit einer Km geschlossen. Die Häkelschrift beginnt mit der 2. Runde!

Einen Fadenring bilden oder 8 Lm mit einer Km zum Ring schließen.

1. Runde:
3 Lm – 23 St in den Ring häkeln.

2. Runde:
8 Lm – 1 St in das 2. St der Vorrunde – 11mal (5 Lm – 1 St in jedes zweite St der Vorrunde).

Die Runde wird mit 2 Lm und einem St in die 3 Anfangs-Lm geschlossen.

3. Runde:
1 Lm – 2 St in ein St der Vorrunde – 3 Lm – 2 St in dasselbe St der Vorrunde – 1 fM in den Lm-Bogen – 11mal (2 St in ein St der Vorrunde – 3 Lm – 2 St in dasselbe St – 1 fM in den Lm-Bogen).

4. Runde:
3 Km zum Lm-Bogen – 1 Lm – 2 St in eine fM der Vorrunde – 3 Lm – 2 St in dieselbe fM – 1 fM in den Lm-Bogen – 7 Lm – 11mal (1 fM in den Lm-Bogen – 2 St in eine fM der Vorrunde – 3 Lm – 2 St in dieselbe fM – 1 fM in den Lm-Bogen – 7 Lm).

Die Runde mit 3 Lm und einem Dreifach-St in die Anfangs-Lm schließen.

5. Runde:
1 Lm – 1 fM in den Lm-Bogen – 11mal (2 DSt in eine fM der Vorrunde – 3 Lm – 2 DSt in dieselbe fM – 1 fM in den Lm-Bogen – 9 Lm – 1 fM in den nächsten Lm-Bogen) – 2 DSt in eine fM – 3 Lm – 2 DSt in dieselbe fM – 1 fM in den nächsten Lm-Bogen.

Die Runde mit 5 Lm und einem Dreifach-St in die Anfangs-Lm schließen.

6. Runde:
1 Lm – 1 fM in den Lm-Bogen – 11mal (2 DSt in eine fM der Vorrunde – 5 Lm – 2 DSt in dieselbe fM – 1 fM in den Lm-Bogen – 11 Lm – 1 fM in den nächsten Lm-Bogen) – 2 DSt in eine fM – 5 Lm – 1 DSt in dieselbe fM – 1fM in den Lm-Bogen.

Die Runde mit 6 Lm und einem Vierfach-St in die Anfangs-Lm schließen.

7. Runde:
1 Lm – 1 fM in den Lm-Bogen – 12mal (2 Dreifach-St in eine fM der Vorrunde – 5 Lm – 2 Dreifach-St in dieselbe fM – 1 fM in den Lm-Bogen – 2 Dreifach-St in die nächste fM der Vorrunde – 5 Lm – 2 Dreifach-St in dieselbe fM – 1 fM in den Lm-Bogen – 5 Lm – 1 fM in denselben Lm-Bogen).

Die Runde wird mit 2 Lm und einem DSt anstatt der letzten 5 Lm geschlossen.

8. Runde:
4 Lm – 3 DSt in den Lm-Bogen – 1 fM in den nächsten Lm-Bogen – 11mal (9 Lm – 1 fM in den nächsten Lm Bogen – 4 DSt in den nächsten Lm-Bogen – 5 Lm – 4 DSt in denselben Lm-Bogen – 1 fM in den nächsten Lm-Bogen) – 9 Lm – 1 fM in den nächsten Lm-Bogen – 4 DSt in den nächsten Lm-Bogen.

Die Runde wird mit 3 Lm und einem Dreifach-St in die 3. Anfangs-Lm geschlossen.

9. Runde:
3 Lm – 3 St in den Lm-Bogen – 11mal (7 Lm – 1 fM in den nächsten Lm-Bogen – 7 Lm – 4 St in den nächsten Lm-Bogen – 3 Lm – 4 St in denselben Lm-Bogen) – 7 Lm – 1 fM in den nächsten Lm-Bogen – 7 Lm – 4 St in den nächsten Lm-Bogen.

Die Runde mit einer Lm und einem St in die 3. Anfangs-Lm schließen.

10. Runde:
3 Lm – 2 St in den Lm-Bogen – 11mal (5 Lm – 1 fM in den nächsten Lm-Bogen – 7 Lm – 1 fM in den nächsten Lm-Bogen – 5 Lm – 3 St in den nächsten Lm-Bogen – 3 Lm – 3 St in denselben Lm-Bogen) – 5 Lm – 1 fM in den Lm-Bogen – 7 Lm – 1 fM in den nächsten Lm Bogen – 5 Lm – 3 St in den nächsten Lm-Bogen.

Die Runde wird mit einer Lm und einem St in die 3. Anfangs-Lm geschlossen.

Hutrand

11. Runde:
3 Lm – 2 St in den Lm-Bogen – 5 Lm – 1 fM in den nächsten Lm-Bogen – 5 Lm – 23mal (3 St in den nächsten Lm Bogen – 5 Lm – 1 fM in den nächsten Lm-Bogen – 5 Lm).

12. Runde:
3 Lm – 1 St in die 3. Anfangs-Lm der Vorrunde – 1 St – 2 St in das 3. St der Vorrunde – 3 Lm – 1 fM in den Lm-Bogen – 5 Lm – 1 fM in den nächsten Lm Bogen – 3 Lm – 23mal (2 St in das 1. St – 1 St – 2 St in das 3. St – 3 Lm – 1 fM in den Lm-Bogen – 5 Lm – 1 fM in den nächsten Lm Bogen – 3 Lm).

13. Runde:
3 Lm – 1 St in die 3. Anfangs-Lm der Vorrunde – 3 St – 2 St in das letzte St – 5 Lm – 1 fM in den mittleren Lm-Bogen – 5 Lm – 23mal (2 St in das 1. St – 3 St – 2 St in das letzte St – 5 Lm – 1 fM in den mittleren Lm-Bogen – 5 Lm).

14. Runde:
3 Lm – 1 St in die 3. Anfangs-Lm der Vorrunde – 2 St – 3 Lm – 1 St überspringen – 2 St – 2 St in das letzte St – 6 Lm – 23mal (2 St in das 1. St – 2 St – 3 Lm – 1 St überspringen – 2 St – 2 St in das letzte St – 6 Lm).

15. Runde:
3 Lm – 1 St in die 3. Anfangs-Lm der Vorrunde – 3 St – 4 Lm – 3 St – 2 St in das letzte St – 4 Lm – 23mal (2 St in das 1. St – 3 St – 4 Lm – 3 St – 2 St in das letzte St – 4 Lm).

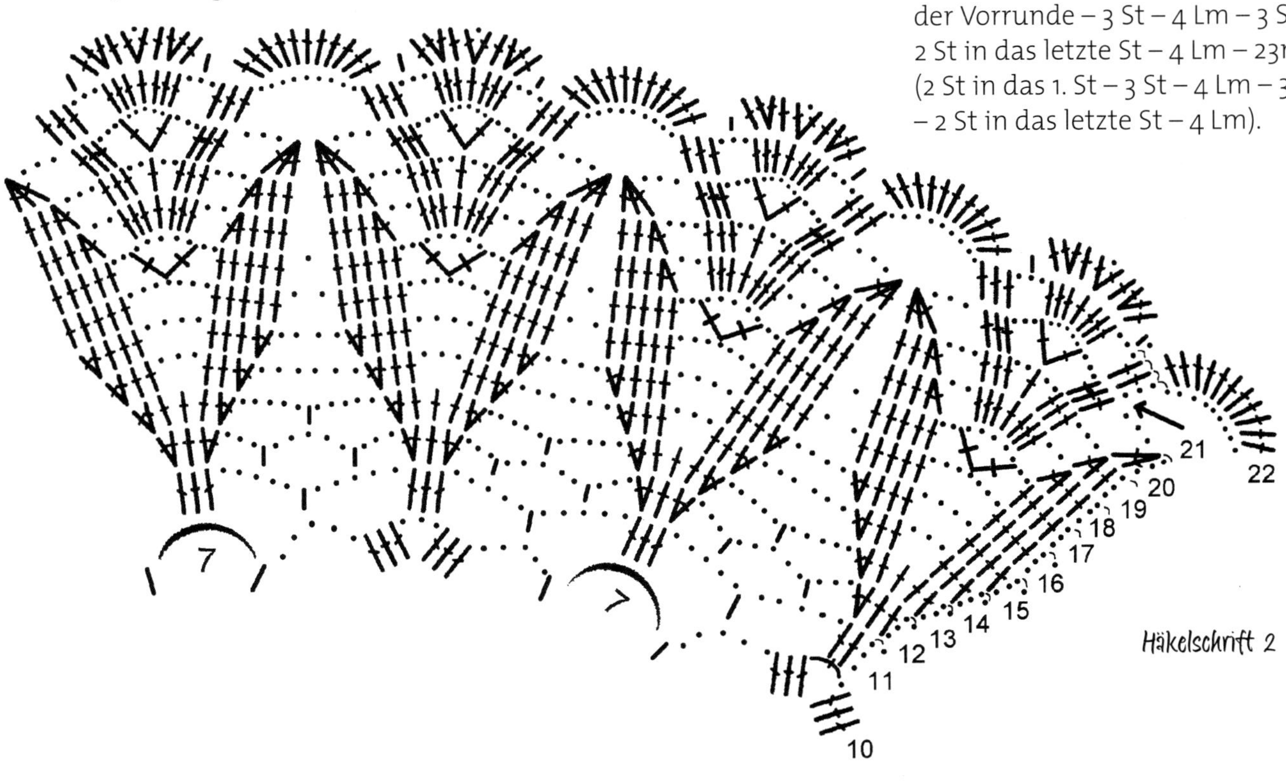

Häkelschrift 2

16. Runde:
3 Lm – 4 St – 7 Lm – 5 St – 2 Lm – 23mal (5 St – 7 Lm – 5 St – 2 Lm).

17. Runde:
3 Lm – 4 St – 2 Lm – 1 St in den Lm-Bogen – 5 Lm – 1 St in denselben Lm-Bogen – 2 Lm – 5 St – 1 Lm – 23mal (5 St – 2 Lm – 1 St in den Lm-Bogen – 5 Lm – 1 St in denselben Lm-Bogen – 2 Lm – 5 St – 1 Lm).

18. Runde:
3 Lm – 2 St – 2 St zus.häkeln – 2 Lm – 7 St in den Lm-Bogen – 2 Lm – 2 St zus.häkeln – 3 St – 23mal (3 St – 2 St zus.häkeln – 2 Lm – 7 St in den Lm-Bogen – 2 Lm – 2 St zus. häkeln – 3 St).

19. Runde:
3 Lm – 1 St – 2 St zus.häkeln – 3 Lm – 3 St – 2 Lm – 1 St – 2 Lm – 3 St – 3 Lm – 2 St zus.häkeln – 2 St – 23mal (2 St – 2 St zus.häkeln – 3 Lm – 3 St – 2 Lm – 1 St – 2 Lm – 3 St – 3 Lm – 2 St zus.häkeln – 2 St).

20. Runde:
3 Lm – 2 St zus.häkeln – 3 Lm – 3 St – 3 Lm – 1 St in das St der Vorrunde – 5 Lm – 1 St in dasselbe St – 3 Lm – 3 St – 3 Lm – 3 St zus.häkeln – 23mal (3 St zus.häkeln – 3 Lm – 3 St – 3 Lm – 1 St in das St der Vorrunde – 5 Lm – 1 St in dasselbe St – 3 Lm – 3 St – 3 Lm – 3 St zus. häkeln).

Für die 21. Runde beim Pfeil neu anketten!

21. Runde:
3 Lm – 2 St – 3 Lm – 7 St in den Lm-Bogen – 3 Lm – 3 St – 9 Lm – 23mal (3 St – 3 Lm – 7 St in den Lm-Bogen – 3 Lm – 3 St – 9 Lm).

22. Runde:
4 Km zum nächsten Lm-Bogen – 1 Lm – 1 fM in den Lm-Bogen – 1 St – 2 St in eine M – 1 St – 1 St in das nächste St – 1 Lm – 1 St in dasselbe St – 1 St – 2 St in eine M – 1 St – 1 fM in den Lm-Bogen – 11 St in den nächsten Lm-Bogen – 1 fM in den nächsten Lm-Bogen – 23mal (1 St – 2 St in eine M – 1 St – 1 St in das nächste St – 1 Lm – 1 St in dasselbe St – 1 St – 2 St in eine M – 1 St – 1 fM in den Lm-Bogen – 11 St in den nächsten Lm-Bogen – 1 fM in den nächsten Lm-Bogen).

Ausarbeitung

Die Ausarbeitung ist auf Seite 11 beschrieben.

Tipp

Man kann mit dieser Anleitung auch eine Dekorkugel arbeiten. Dafür werden zwei Kopfteile (Runde 1 bis 11) gehäkelt. Die beiden Teile über die geschlossene Plexiglas-Kugel ziehen und zusammenhäkeln oder -nähen.

Dekorfächer »Herbstsonne«

Material

- ✔ Häkelgarn Stärke 10, in drei Beigetönen
- ✔ Garnhäkelnadel Nr. 1,5
- ✔ farbiger Karton
- ✔ wasserlöslicher Papierkleber
- ✔ Dekormaterial

Anleitung

1. Reihe:
12 Lm anschlagen und in die 4. Masche (von der Nadel aus gezählt) das erste St häkeln – 8mal 2 St in eine Masche häkeln.

2. Reihe:
3 Lm – 1 St – 1 Lm – 7mal (2 St – 1 Lm) – 2 St.

3. Reihe:
3 Lm – 1 St in das letzte St der Vorreihe – 1 St – 1 Lm – 1 St in die Lm – 6mal (1 St in die Lm – 3 Lm – 1 St in dieselbe Lm) – 1 St in die nächste Lm – 1 Lm – 1 St – 2 St in die letzte Masche.

4. Reihe:
3 Lm – 2 St – 1 Lm – 2 St in den Lm-Bogen – 2 St in den nächsten Lm-Bogen – 6mal (3 Lm – 2 St in denselben Lm-Bogen – 2 St in den nächsten Lm-Bogen) – 1 Lm – 3 St.

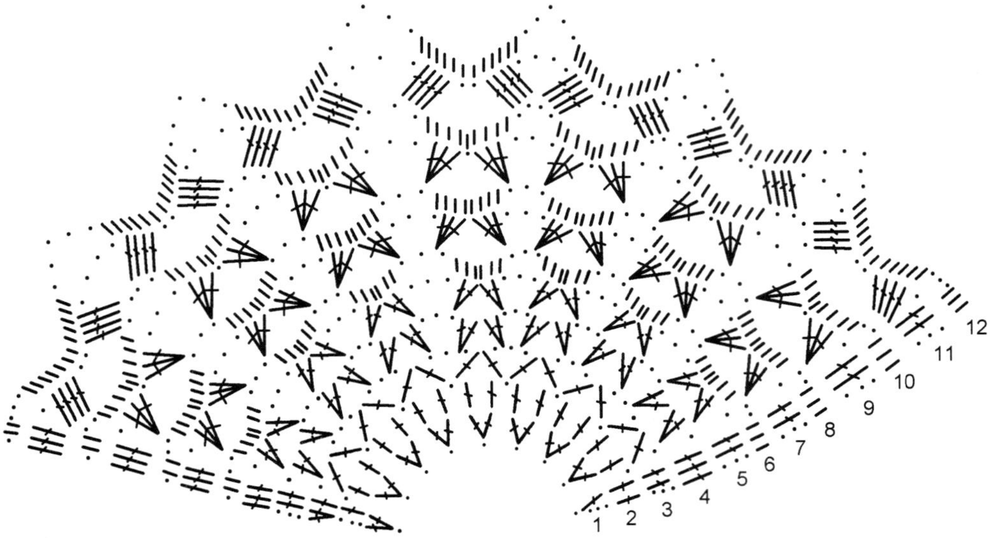

Häkelschrift 1

5. Reihe:
3 Lm – 2 St – 1 Lm – 2 St in den Lm-Bogen – 6mal (2 St in den nächsten Lm-Bogen – 3 Lm – 2 St in denselben Lm-Bogen) – 2 St in den nächsten Lm-Bogen – 1 Lm – 3 St.

6. Reihe:
1 Lm – 2 fM – 2 Lm – 1 fM in den Lm-Bogen – 4 fM – 1 fM in den Lm-Bogen – 6mal (3 Lm – 1 fM in den Lm-Bogen – 4 fM – 1 fM in den Lm-Bogen) – 2 Lm – 3 fM.

7. Reihe:
3 Lm – 2 St – 1 Lm – 3 St in den Lm-Bogen – 6mal (3 St in den nächsten Lm-Bogen – 3 Lm – 3 St in denselben Lm-Bogen) – 3 St in den nächsten Lm-Bogen – 1 Lm – 3 St.

8. Reihe:
1 Lm – 2 fM – 2 Lm – 1 fM in den Lm-Bogen – 6 fM – 1 fM in den Lm-Bogen – 6mal (3 Lm – 1 fM in den Lm-Bogen – 6 fM – 1 fM in den Lm-Bogen) – 2 Lm – 3 fM.

9. Reihe:
3 Lm – 2 St – 1 Lm – 3 St in den Lm-Bogen – 1 Lm – 6mal (3 St in den nächsten Lm-Bogen – 3 Lm – 3 St in denselben Lm-Bogen – 1 Lm) – 3 St in den nächsten Lm-Bogen – 1 Lm – 3 St.

10. Reihe:
1 Lm – 2 fM – 2 Lm – 1 fM in den Lm-Bogen – 3 fM – 1 fM in die Lm – 3 fM – 1 fM in den Lm-Bogen – 6mal (4 Lm – 1 fM in den Lm-Bogen – 3 fM – 1 fM in die Lm – 3 fM – 1 fM in den Lm-Bogen) – 2 Lm – 3 fM.

11. Reihe:
3 Lm – 2 St – 1 Lm – 4 St in den Lm-Bogen – 2 Lm – 6mal (4 St in den nächsten Lm-Bogen – 4 Lm – 4 St in denselben Lm-Bogen – 2 Lm) – 4 St in den nächsten Lm-Bogen – 1 Lm – 3 St.

12. Reihe:
1 Lm – 2 fM – 3 Lm – 1 fM in den Lm-Bogen – 4 fM – 2 fM in den

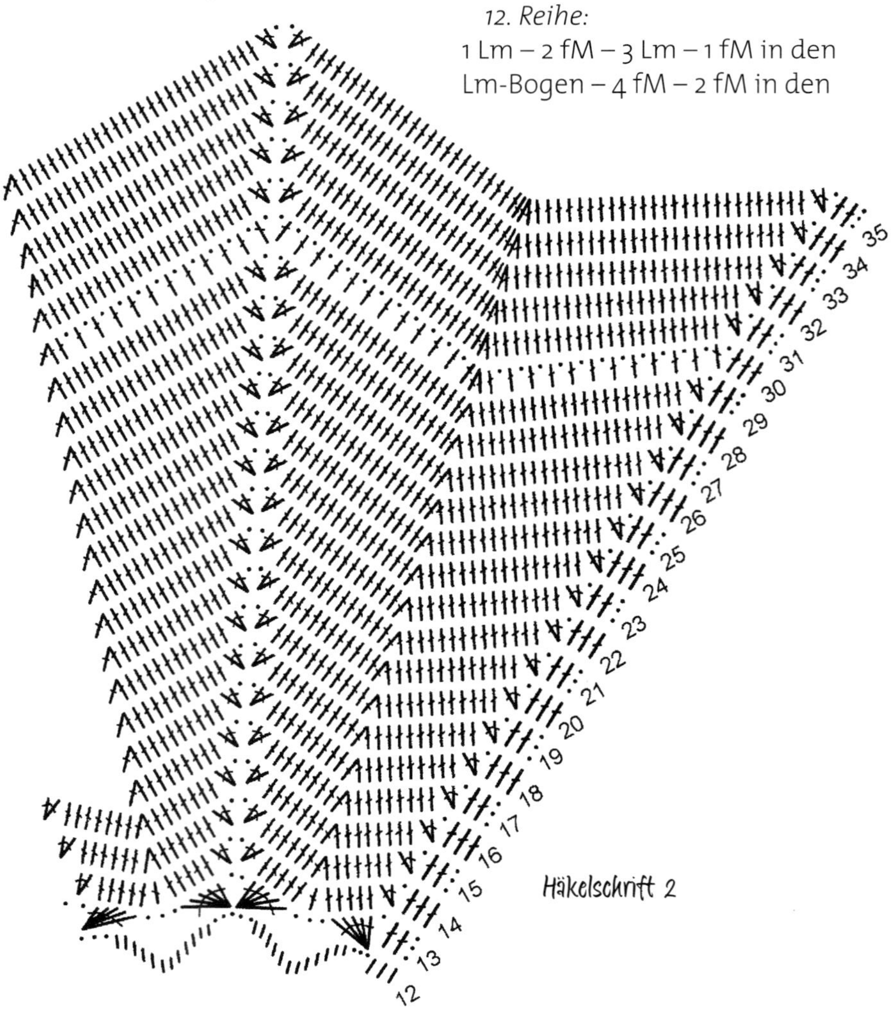

Häkelschrift 2

Lm-Bogen – 4 fM – 1 fM in den Lm-Bogen – 6mal (5 Lm – 1 fM in den Lm-Bogen – 4 fM – 2 fM in den Lm-Bogen – 4 fM – 1 fM in den Lm-Bogen) – 3 Lm – 3 fM.

13. Reihe:
3 Lm – 2 St – 1 Lm – 5 St in den Lm-Bogen – 3 Lm – 6mal (5 St in den nächsten Lm-Bogen – 2 Lm – 5 St in denselben Lm-Bogen – 3 Lm) – 5 St in den letzten Lm-Bogen – 1 Lm – 3 St.

Ab der 14. Reihe beginnt der Faltenwurf.

14. Reihe:
3 Lm – 2 St – 7mal (1 Lm – 2 St in den Lm-Bogen – 5 St – 1 St in den Lm-Bogen – 5 St – 2 St in den Lm-Bogen – 1 Lm) – 3 St.

15. Reihe:
3 Lm – 2 St – 7mal (1 Lm – 2 St in den Lm-Bogen – 6 St – 2 St zus. häkeln, dabei 1 Masche der Vorreihe dazwischen auslassen – 6 St – 2 St in den Lm-Bogen – 1 Lm) – 3 St.

16. bis 35. Reihe:
Diese Reihen werden wie die 15. Reihe gehäkelt, wobei sich jeder Mustersatz pro Reihe um 2 Stäbchen erweitert. Arbeiten Sie nach Häkelschrift 2. Es ist darauf zu achten, dass beim Zusammenhäkeln der beiden Stäbchen immer die beiden zusammengehäkelten Stäbchen der Vorreihe übersprungen werden.

Ausarbeitung

Die Ausarbeitung ist auf Seite 15 beschrieben.

Wandkranz mit Blattmotiv

(Filet-Häkeltechnik, siehe Seite 7)

Material

- ✔ Häkelgarn *Aida 10* von *Coats Mez,* Fb 683, dunkelgrün
- ✔ Garnhäkelnadel Nr. 1,5
- ✔ Styropor-Halbring, 25 cm Durchmesser
- ✔ ca. 6 m gelbes Dekorband, 40 mm breit
- ✔ Dekormaterial

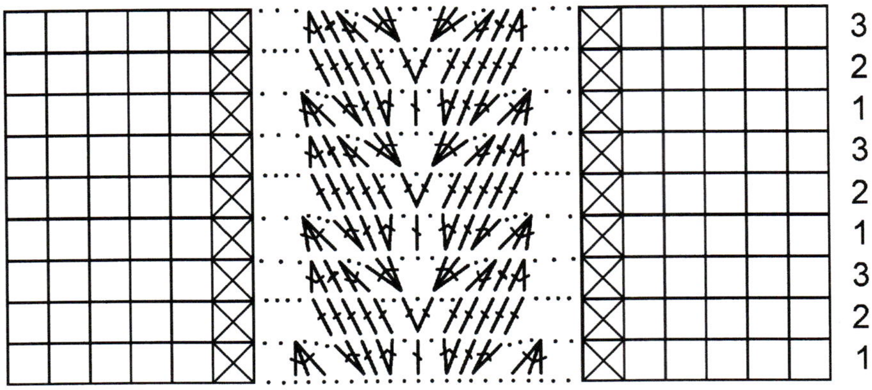

Anleitung

Jede Reihe beginnt mit 3 Wende-Lm und endet immer mit einem St.

1. Reihe:
66 Lm anschlagen und das erste Stäbchen in die 9. Luftmasche (von der Nadel aus gezählt) häkeln (= 1 LK) – 4 LK – 1 VK – 2 Lm – 2 Lm überspringen – 3 zus. abgemaschte St (immer 1 St in 1 Anfangs-Lm häkeln) – 3 Lm – 2 Lm überspringen – 2 St in eine Masche – 1 St – 2 St in eine Masche – 1 Lm – 1 Lm überspringen – 1 St – 1 Lm – 1 Lm überspringen – 2 St in eine Masche – 1 St – 2 St in eine Masche – 3 Lm – 3 zus. abgemaschte St – 2 Lm – 1 St – 1 VK – 5 LK.

2. Reihe:
5 LK – 1 VK – 4 Lm – 5 St auf die 5 St der Vorreihe – 2 Lm – 1 St in das mittlere St – 1 Lm – 1 St in dasselbe St – 2 Lm – 5 St – 4 Lm – 1 St – 1 VK – 5 LK.

3. Reihe:
5 LK – 1 VK – 3 Lm – 2 St zus.häkeln – 1 St auf das mittlere St – 2 St zus.häkeln – 2 Lm – 3 St in das nächste St – 3 Lm – 3 St in das nächste St – 2 Lm – 2 St zus.häkeln – 1 St auf das mittlere St – 2 St zus. häkeln – 3 Lm – 1 St – 1 VK – 5 LK.

Die Reihen 1 bis 3 bilden einen Mustersatz und werden fortlaufend wiederholt, bis der Streifen lang genug ist. Für einen Styropor-Halbring mit 25 cm Durchmesser sollte der Streifen ca. 13 cm breit und 58 cm lang sein.

Ausarbeitung

Die Ausarbeitung ist auf Seite 20 beschrieben.

Tipp

Für einen Styropor-Halbring mit 22 cm Durchmesser den Streifen mit Häkelgarn der Stärke 20 arbeiten. Der Streifen muss dann ca. 11 cm breit und 54 cm lang sein.

Dekorhut »Winter«

Material

- ✔ Häkelgarn *Anchor Orion*, gold
- ✔ Garnhäkelnadel Nr. 1,5 – 1,75
- ✔ Plexiglas-Kugel, 10 cm Durchmesser
- ✔ Dekormaterial

Anleitung

Kopfteil

Es wird in Runden gearbeitet, jede Runde wird, wenn nicht anders angegeben, mit einer Km geschlossen.

Einen Fadenring bilden oder 6 Lm mit einer Km zum Ring schließen.

1. Runde:
1 Lm – 10 fM – Km zur 1. fM.

2. Runde:
4 Lm – 1 fM in die erste fM der Vorrunde – 9mal (3 Lm – 1 fM in die fM der Vorrunde) – 1 Lm.

Die Runde mit einem St in die 1. Wende-Lm schließen.

Häkelschrift 1

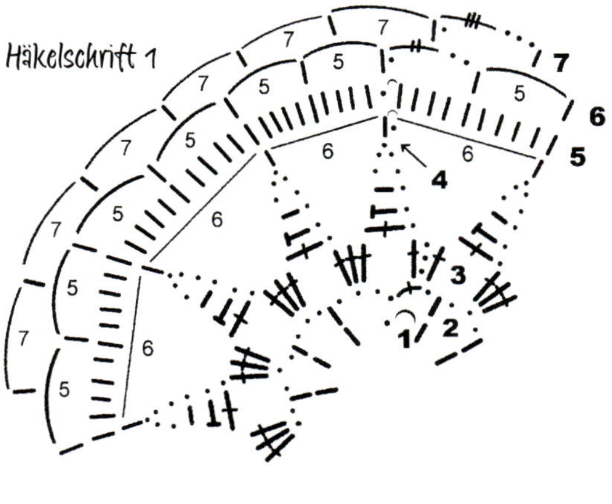

3. Runde:
3 Lm – 1 St in den Lm-Bogen – 8 Lm – 1 fM in die 6. Lm (von der Nadel aus gezählt) – 1 hSt – 1 St – 9mal (3 St in den nächsten Lm-Bogen – 8 Lm – 1 fM in die 6. Lm von der Nadel aus – 1 hSt – 1 St) – 1 St in den Lm-Bogen.
Faden abschneiden, vernähen und bei einer Spitze neu anketten.

4. Runde:
1 Lm – 1 fM in den Lm-Bogen – 6 Lm – 9mal (1 fM in den Lm-Bogen – 6 Lm).

5. Runde:
1 Lm – (9 fM in den Lm-Bogen – 1 fM auf die fM der Vorrunde) bis zum Ende wiederholen.

6. Runde:
6 Lm – (1 fM auf die 5. fM der Vorrunde – 5 Lm) bis zum Ende wiederholen.

Die Runde mit 2 Lm und einem DSt in die 1. Anfangs-Lm schließen.

7. Runde:
8 Lm – 1 fM in den nächsten Lm-Bogen – (7 Lm – 1 fM in den nächsten Lm-Bogen) bis zum Ende wiederholen.

Die Runde mit 3 Lm und einem Dreifach-St in die 1. Anfangs-Lm schließen.

8. Runde:
3 Lm – 2 St in den Lm-Bogen – 8 Lm – 1 fM in die 6. Lm (von der Nadel aus gezählt) – 1 hSt – 1 St – 19mal (4 St in den nächsten Lm-Bogen – 8 Lm – 1 fM in die 6. Lm von der Nadel aus – 1 hSt – 1 St) – 1 St in den ersten Lm-Bogen.

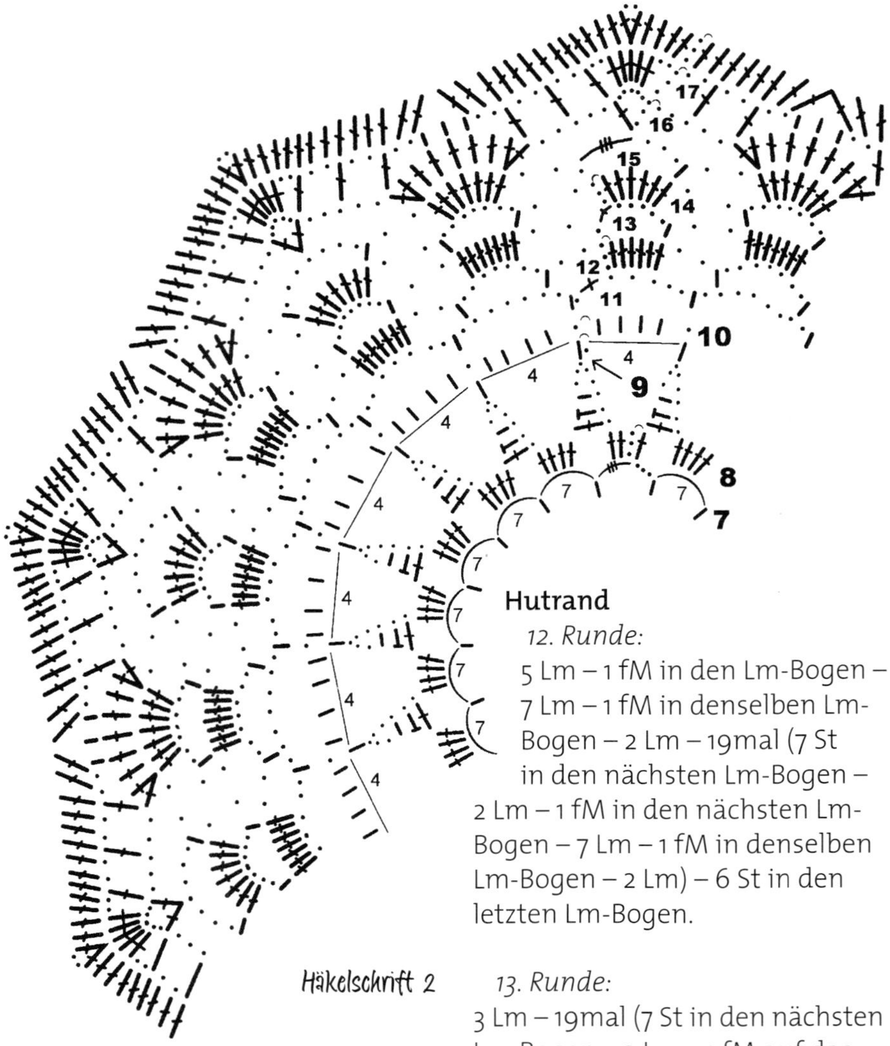

Häkelschrift 2

Faden abschneiden, vernähen und bei einer Spitze neu anketten.

9. Runde:
1 Lm – (1 fM in den Lm-Bogen – 4 Lm) bis zum Ende wiederholen.

10. Runde:
1 Km bis zum Lm-Bogen – 1 Lm – 4 fM in den Lm-Bogen – (1 Lm – 4 fM in den nächsten Lm-Bogen) bis zum Ende wiederholen.

11. Runde:
1 Lm – 1 fM in die Lm der Vorrunde – (7 Lm – 1 fM in die nächste Lm der Vorrunde) bis zum Ende wiederholen.

Die Runde mit 5 Lm und einem St in die erste fM schließen.

Hutrand

12. Runde:
5 Lm – 1 fM in den Lm-Bogen – 7 Lm – 1 fM in denselben Lm-Bogen – 2 Lm – 19mal (7 St in den nächsten Lm-Bogen – 2 Lm – 1 fM in den nächsten Lm-Bogen – 7 Lm – 1 fM in denselben Lm-Bogen – 2 Lm) – 6 St in den letzten Lm-Bogen.

13. Runde:
3 Lm – 19mal (7 St in den nächsten Lm-Bogen – 2 Lm – 1 fM auf das erste St – 7 Lm – 1 fM auf das letzte St – 2 Lm) – 7 St in den letzten Lm-Bogen – 2 Lm – 1 fM auf das erste St.

Die Runde mit 5 Lm und einem St in die 1. Anfangs-Lm schließen.

14. Runde:
5 Lm – 20mal (1 fM auf das erste St – 7 Lm – 1 fM auf das letzte St – 2 Lm – 7 St in den nächsten Lm-Bogen – 2 Lm).

15. Runde:
3 Lm – 7 St in den nächsten Lm-Bogen – 2 Lm – 19mal (1 fM auf das erste St – 7 Lm – 1 fM auf das letzte St – 2 Lm – 7 St in den nächsten Lm-Bogen) – 2 Lm – 1 fM auf das erste St.

Die Runde mit 3 Lm und einem Dreifach-St in die 1. Anfangs-Lm schließen.

16. Runde:
8 Lm – 1 St in denselben Lm-Bogen – 5 Lm – 19mal (2 St in das erste St – 5 St – 2 St in das letzte St – 5 Lm – 1 St in den Lm-Bogen – 5 Lm – 1 St in denselben Lm-Bogen – 5 Lm) – 2 St in das erste St – 5 St – 2 St in das letzte St – 5 Lm.

17. Runde:
5 Lm – 19mal (5 St in den Lm-Bogen –2 Lm – 1 St in das St – 2 Lm – 1 St in den Lm-Bogen – 2 Lm – 1 St in das erste St – 2 Lm – 2 St überspringen – 3 fM – 2 Lm – 2 St überspringen – 1 St in das letzte St – 2 Lm – 1 St in den Lm-Bogen – 2 Lm – 1 St in das St – 2 Lm) – 5 St in den Lm-Bogen – 2 Lm – 1 St in das St – 2 Lm – 1 St in den Lm-Bogen – 2 Lm – 1 St in das erste St – 2 Lm – 2 St überspringen – 3 fM – 2 Lm – 1 St in das letzte St – 2 Lm – 1 St in den Lm-Bogen – 2 Lm.

18. Runde:
3 Lm – (2 St in den Lm-Bogen – 2 St – 1 St – 2 Lm – 1 St in dieselbe Masche – 2 St – 2 St in den Lm-Bogen – 1 St – 2 St in den nächsten Lm-Bogen – 1 St – 2 St in den Lm-Bogen – 1 St – 2 St in den Lm-Bogen – die 3 fM der Vorrunde überspringen –2 St in den nächsten Lm-Bogen –1 St – 2 St in den Lm-Bogen – 1 St – 2 St in den Lm-Bogen – 1 St) bis zum Ende wiederholen.

Ausarbeitung

Die Ausarbeitung wird auf Seite 11 beschrieben.

Türschleife »Schneesterne«

(Filet-Häkeltechnik, siehe Seite 7)

Material

- ✔ Häkelgarn *Aida 10* von *Coats Mez,* Fb 683, dunkelgrün
- ✔ Garnhäkelnadel Nr. 1,5
- ✔ 150 cm goldgelbes Satinband, 11 cm breit
- ✔ Textilkleber
- ✔ Dekormaterial

Anleitung

Jede Reihe beginnt mit 3 Wende-Lm und endet mit einem St.

1. Reihe:
45 Lm anschlagen und das erste Stäbchen in die 9. Luftmasche (von der Nadel aus gezählt) häkeln (= 1 LK) – 12 LK.

2. / 3. Reihe:
13 LK.

4. Reihe:
6 LK – 1 VK – 6 LK.

5. Reihe:
3 LK – 1 VK – 2 LK – 1 VK – 2 LK – 1 VK – 3 LK.

6. Reihe:
4 LK – 1 VK – 1 LK – 1 VK – 1 LK – 1 VK – 4 LK.

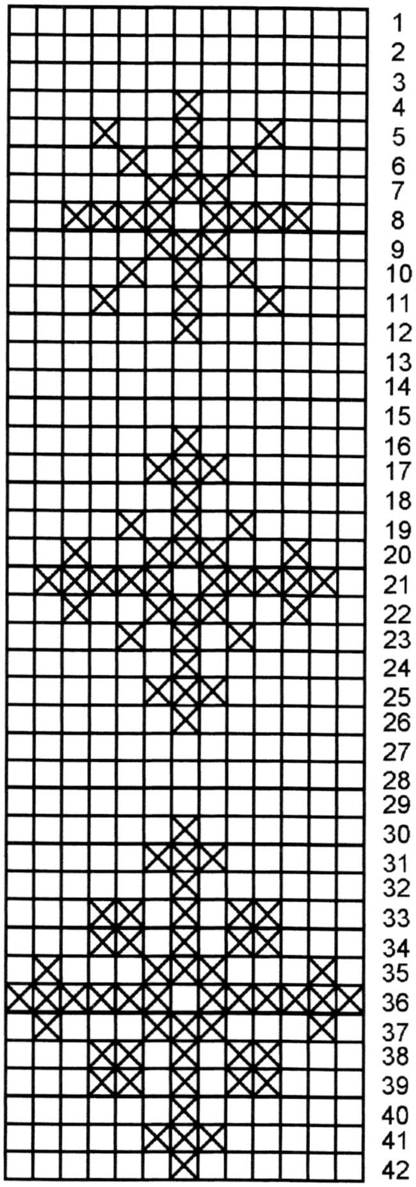

Häkelschrift 1

7. Reihe:
5 LK – 3 VK – 5 LK.

8. Reihe:
2 LK – 4 VK – 1 LK – 4 VK – 2 LK.

9. Reihe:
5 LK – 3 VK – 5 LK.

10. Reihe:
4 LK – 1 VK – 1 LK – 1 VK – 1 LK – 1 VK – 4 LK.

11. Reihe:
3 LK – 1 VK – 2 LK – 1 VK – 2 LK – 1 VK – 3 LK.

12. Reihe:
6 LK – 1 VK – 6 LK.

13. – 15. Reihe:
13 LK.

16. Reihe:
6 LK – 1 VK – 6 LK.

17. Reihe:
5 LK – 3 VK – 5 LK.

18. Reihe:
6 LK – 1 VK – 6 LK.

19. Reihe:
4 LK – 1 VK – 1 LK – 1 VK – 1 LK – 1 VK – 4 LK.

20. Reihe:
2 LK – 1 VK – 2 LK – 3 VK – 2 LK – 1 VK – 2 LK.

21. Reihe:
1 LK – 5 VK – 1 LK – 5 VK – 1 LK.

22. Reihe:
2 LK – 1 VK – 2 LK – 3 VK – 2 LK – 1 VK – 2 LK.

23. Reihe:
4 LK – 1 VK – 1 LK – 1VK – 1 LK – 1 VK – 4 LK.

24. Reihe:
6 LK – 1 VK – 6 LK.

25. Reihe:
5 LK – 3 VK – 5 LK.

26. Reihe:
6 LK – 1 VK – 6 LK.

27. – 29. Reihe:
13 LK.

30. Reihe:
6 LK – 1 VK – 6 LK.

31. Reihe:
5 LK – 3 VK – 5 LK.

32. Reihe:
6 LK – 1 VK – 6 LK.

Häkelschrift 2

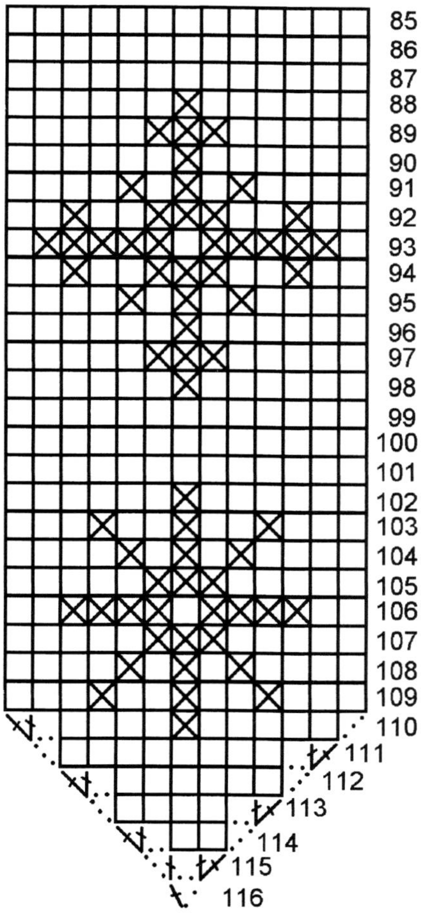

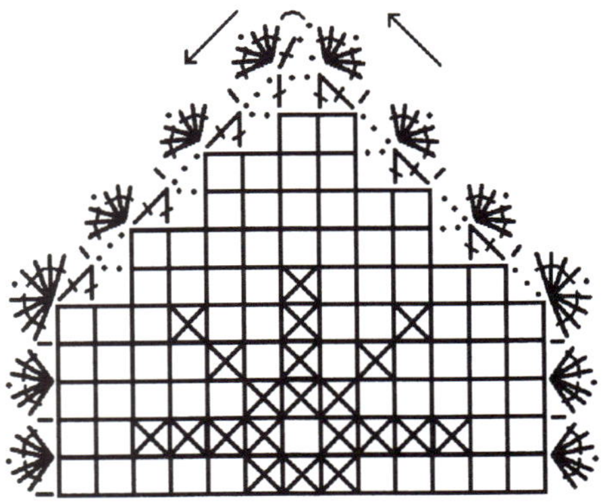

Häkelschrift 3

33. / 34. Reihe:
3 LK – 2 VK – 1 LK – 1 VK – 1 LK – 2 VK – 3 LK.

35. Reihe:
1 LK – 1 VK – 3 LK – 3 VK – 3 LK – 1 VK – 1 LK.

36. Reihe:
6 VK – 1 LK – 6 VK.

37. Reihe:
1 LK – 1 VK – 3 LK – 3 VK – 3 LK – 1 VK – 1 LK.

38. / 39. Reihe:
3 LK – 2 VK – 1 LK – 1 VK – 1 LK – 2 VK – 3 LK.

40. Reihe:
6 LK – 1 VK – 6 LK.

41. Reihe:
5 LK – 3 VK – 5 LK.

42. Reihe:
6 LK – 1 VK – 6 LK.

Die Reihen 1 bis 42 wiederholen.

Danach die 13. bis 26. Reihe noch einmal häkeln, und die 1. bis 11. Reihe anschließen.

Der Streifen ist jetzt insgesamt 109 Reihen lang.

Die Spitze wie folgt arbeiten:

110. Reihe:
3 Lm – 1 St auf das vorletzte St der Vorreihe – 5 LK – 1 VK – 5 LK – 2 Lm – die letzten 2 St der Reihe zus.häkeln.

111. Reihe:
3 Lm – 9 LK – 2 Lm – die letzten 2 St zus.häkeln.

112. Reihe:
3 Lm – 7 LK – 2 Lm – die letzten 2 St zus.häkeln.

113. Reihe:
3 Lm – 5 LK – 2 Lm – die letzten 2 St zus.häkeln.

114. Reihe:
3 Lm – 3 LK – 2 Lm – die letzten 2 St zus.häkeln.

115. Reihe:
3 Lm – 1 LK – 2 Lm – die letzten 2 St zus.häkeln.

116. Reihe:
3 Lm – 1 St.

Für den 2. Teil der Schleife an der 1. Reihe neu anketten und die 116 Reihen wiederholen.

Zum Abschluss die gesamte Türschleife nach Häkelschrift 3 umhäkeln.

Ausarbeitung

Die Ausarbeitung wird auf Seite 13 beschrieben.

Türkranz »Stern«

Material

- ✔ Glanzhäkelgarn Stärke 10, gold
- ✔ Wollhäkelnadel Nr. 2
  oder
- ✔ Häkelgarn *Aida 10* von *Coats Mez*, gold
- ✔ Garnhäkelnadel Nr. 1,5
- ✔ Styropor–Halbring, 25 cm Durchmesser
- ✔ ca. 5 m rotes Dekorband, 40 mm breit
- ✔ Dekormaterial

Anleitung

Die Angaben beziehen sich auf Glanzhäkelgarn und einen Styropor-Halbring mit 25 cm Durchmesser. Die Angaben für andere Garne und verschiedene Ringgrössen entnehmen Sie bitte der Tabelle auf Seite 39.

1. Reihe:
62 Lm anschlagen und die erste fM in die 9. Luftmasche (von der Nadel aus gezählt) häkeln – 2 Lm überspringen – 5 St in die 3. Lm – 2 Lm überspringen – 1 fM – 5 Lm – 1 fM in die 5. Lm der Vorreihe – 5 Lm – 1 fM in die 5. Lm – 2 Lm überspringen – 5 St in die 3. Lm– 1 fM in die 3. Lm – 2 Lm überspringen – 5 St in die 3. Lm – 1 fM in die 3. Lm – 5mal (5 Lm – 1 fM in die 5. Lm).

2. Reihe:
6 Lm – 1 fM in den Lm-Bogen der Vorreihe – 6mal (5 Lm – 1 fM in

den nächsten Lm-Bogen) – 5 St in die nächste fM – 1 fM in das mittlere St der Vorreihe – 5 St in die nächste fM – 1 fM auf das mittlere St der Vorreihe – 2mal (5 Lm – 1 fM in den Lm-Bogen) – 5 St in die nächste fM – 1 fM in das mittlere St der Vorreihe – 5 Lm – 1 fM in den letzten Lm-Bogen.

3. Reihe:
6 Lm – 1 fM in den Lm-Bogen der Vorreihe – 5 Lm – 1 fM in das mittlere St – 5 St in die nächste fM – 1 fM in den Lm-Bogen – 5 Lm – 1 fM in den nächsten Lm-Bogen – 5 Lm – 1 fM in das mittlere St – 5 St in die nächste fM – 1 fM in das mittlere St der Vorreihe – 5 St in die nächste fM – 1 fM in den Lm-Bogen – 6mal (5 Lm – 1 fM in den Lm-Bogen).

4. Reihe:
6 Lm – 1 fM in den Lm-Bogen der Vorreihe – 5mal (5 Lm – 1 fM in den nächsten Lm-Bogen) – 5 St in die nächste fM – 1 fM in das mittlere St der Vorreihe – 5 St in die nächste fM – 1 fM auf das mittlere St der Vorreihe – 2mal (5 Lm – 1 fM in den Lm-Bogen) – 5 St in die nächste fM – 1 fM in das mittlere St der Vorreihe – 2mal (5 Lm – 1 fM in den Lm-Bogen).

5. Reihe:
6 Lm – 1 fM in den Lm-Bogen der Vorreihe – 5 Lm – 1 fM in den nächsten Lm-Bogen – 5 Lm – 1 fM in das mittlere St – 5 St in die nächste fM – 1 fM in den Lm-Bogen – 5 Lm – 1 fM in den Lm-Bogen – 5 Lm – 1 fM in das mittlere St – 5 St in die nächste fM – 1 fM in das mittlere St der Vorreihe – 5 St in die nächste fM – 1 fM in den Lm-Bogen – 5mal (5 Lm – 1 fM in den Lm-Bogen).

6. Reihe:
6 Lm – 1 fM in den Lm-Bogen – 4mal (5 Lm – 1 fM in den Lm-Bogen) – 5 St in die nächste fM – 1 fM in das mittlere St der Vorreihe – 5 St in die nächste fM – 1 fM auf das mittlere St der Vorreihe – 2mal (5 Lm – 1 fM in den Lm-Bogen) – 5 St in die nächste fM – 1 fM in das mittlere St der Vorreihe – 3mal (5 Lm – 1 fM in den Lm-Bogen).

7. Reihe:
6 Lm – 1 fM in den Lm-Bogen – 2mal (5 Lm – 1 fM in den Lm-Bogen) – 5 Lm – 1 fM in das mittlere St – 5 St in die nächste fM – 1 fM in den Lm-Bogen – 5 Lm – 1 fM in den Lm-Bogen – 5 Lm – 1 fM in das mittlere St – 5 St in die nächste fM – 1 fM in das mittlere St der Vorreihe – 5 St in die nächste fM – 1 fM in den Lm-Bogen – 4mal (5 Lm – 1 fM in den Lm-Bogen).

8. Reihe:
6 Lm – 1 fM in den Lm-Bogen – 3mal (5 Lm – 1 fM in den Lm-Bogen) – 5 St in die nächste fM – 1 fM in das mittlere St der Vorreihe – 5 St in die nächste fM – 1 fM in das mittlere St der Vorreihe – 2mal (5 Lm – 1 fM in den Lm-Bogen) – 5 St in die nächste fM – 1 fM in das mittlere St der Vorreihe – 4mal (5 Lm – 1 fM in den Lm-Bogen).

9. Reihe:
6 Lm – 1 fM in den Lm-Bogen – 3mal (5 Lm – 1 fM in den Lm-Bogen) – 5 St in die nächste fM – 1 fM auf das mittlere St der Vorreihe – 2mal (5 Lm – 1 fM in den Lm-Bogen) – 5 St in die nächste fM – 1 fM in das mittlere St der Vorreihe – 5 St in die nächste fM – 1 fM in das mittlere St der Vorreihe – 4mal (5 Lm – 1 fM in den Lm-Bogen).

10. Reihe:
6 Lm – 1 fM in den Lm-Bogen – 3mal (5 Lm – 1 fM in den Lm-Bogen) – 5 Lm – 1 fM in das mittlere St der Vorreihe – 5 St in die nächste fM – 1 fM in das mittlere St der Vorreihe – 5 St in die nächste fM – 1 fM in den Lm-Bogen – 5 Lm – 1 fM in den Lm-Bogen – 5 Lm – 1 fM in das mittlere St der Vorreihe – 5 St in die nächste fM – 1 fM in in den Lm-Bogen – 3mal (5 Lm – 1 fM in den Lm-Bogen).

11. Reihe:
6 Lm – 1 fM in den Lm-Bogen – 2mal (5 Lm – 1 fM in den Lm-Bogen) – 5 St in die nächste fM – 1 fM in das mittlere St der Vorreihe – 2mal (5 Lm – 1 fM in den Lm-Bogen) – 5 St in die nächste fM – 1 fM in das mittlere St der Vorreihe – 5 St in die nächste fM – 1 fM in das mittlere St der Vorreihe – 5mal (5 Lm – 1 fM in den Lm-Bogen).

12. Reihe:
6 Lm – 1 fM in den Lm-Bogen – 4mal (5 Lm – 1 fM in den Lm-Bogen) – 5 Lm – 1 fM in das mittlere St der Vorreihe – 5 St in die nächste fM – 1 fM in das mittlere St der Vorreihe – 5 St in die nächste fM – 1 fM in den Lm-Bogen – 5 Lm – 1 fM in den Lm-Bogen – 5 Lm – 1 fM in das mittlere St der Vorreihe – 5 St in die nächste fM – 1 fM in in den Lm-Bogen – 2mal (5 Lm – 1 fM in den Lm-Bogen).

13. Reihe:
6 Lm – 1 fM in den Lm-Bogen – 5 Lm – 1 fM in den Lm-Bogen – 5 St in die nächste fM – 1 fM auf das mittlere St der Vorreihe – 2mal (5 Lm – 1 fM in den Lm-Bogen) – 5 St in die nächste fM – 1 fM in das mittlere St der Vorreihe – 5 St in die nächste fM – 1 fM in das mittlere St der Vorreihe – 6mal (5 Lm – 1 fM in den Lm-Bogen).

14. Reihe:
6 Lm – 1 fM in den Lm-Bogen – 5mal (5 Lm – 1 fM in den Lm-Bogen) – 5 Lm – 1 fM in das mittlere St der Vorreihe – 5 St in die nächste fM – 1 fM in das mittlere St der Vorreihe – 5 St in die nächste fM – 1 fM in den Lm-Bogen – 5 Lm – 1 fM in den Lm-Bogen – 5 Lm – 1 fM in das mittlere St der Vorreihe – 5 St in die nächste fM – 1 fM in den Lm-Bogen – 5 Lm – 1 fM in den Lm-Bogen.

Diese 14 Reihen bilden einen Mustersatz.

Für den Kranz mit 25 cm Durchmesser häkeln Sie insgesamt sechs Mustersätze, der Streifen sollte ca. 13 cm breit und 60 cm lang sein.

Ausarbeitung

Die Ausarbeitung wird auf Seite 20 beschrieben.

Tabelle für die verschiedenen Häkelgarne und Ringgrößen

Material	Styropor-Halbring Durchmesser	Anschlag	Mustersätze	Reihen	Grösse	Band, 4 cm breit
Aida 10	22 cm	62	6	84	11 x 54 cm	5 m
Aida 10	25 cm	62	7	98	13 x 60 cm	5,5 m
Aida 10	30 cm	72	9	126	15 x 75 cm	6,5 m
Glanzhäkelgarn	25 cm	62	6	84	13 x 60 cm	5,5 m
Glanzhäkelgarn	30 cm	72	7	96	15 x 75 cm	6,5 m

Kleine Geschenke für alle Gelegenheiten

Fensterbild mit Balkon

Material

- Häkelgarn *Aida 10* von *Coats Mez*, Fb 683, grün und Fb 892, rosa
- Häkelgarn *Eldorado* von *Coats Mez*, Fb 4214, braun
- Garnhäkelnadel Nr. 1,5
- Metallrahmen »Altarbild«
- Blumensteckmasse, 15 x 4 cm, 3 cm hoch
- Dekorblumen
- Rest Seidenband

Anleitung

Fensterflügel

1. Reihe:
62 Lm anschlagen und in die 8. Masche (von der Nadel aus gezählt) das erste St häkeln – 27mal (1 Lm – 1 Lm überspringen – 1 St).

2. Reihe:
5 Lm – 27mal (2 gem. abgem. DSt in den Lm-Bogen – 1 Lm) – in den letzten Lm-Bogen 3mal (2 gem. abgem. DSt – 1 Lm) – 2 gem. abgem. DSt.

3. Reihe:
5 Lm – 5mal (1 DSt in den Lm-Bogen – 2 Lm) – 25mal (1 DSt in den Lm-Bogen – 1 Lm) – 1 DSt.

4. Reihe:
5 Lm – 13mal (4 gem. abgem. DSt, wobei die ersten 2 DSt in den ersten Lm-Bogen, die letzten 2 DSt in den nächsten Lm-Bogen gestochen werden – 3 Lm) – 5mal (4 gem. abgem. DSt, wobei die

ersten 2 DSt in denselben Lm-Bogen, die letzten 2 DSt in den nächsten Lm-Bogen gestochen werden – 3 Lm) – 2 gem. abgem. DSt in den letzten Lm-Bogen – 1 DSt in die 4. Wende-Lm der Vorreihe.

5. Reihe:
5 Lm – 4mal (1 DSt in den Lm-Bogen – 2 Lm – 1 DSt auf die gem. abgem. DSt – 2 Lm) – 14mal (1 DSt in den nächsten Lm-Bogen – 3 Lm) – 1 DSt in die 4. Wende-Lm der Vorreihe.

6. Reihe:
3 Lm – 10mal (1 DSt in das nächste DSt der Vorreihe – 5 Lm – 1 DSt in dasselbe DSt – 2 Lm – 1 fM in das nächste DSt – 2 Lm) – 1 DSt in das nächste DSt der Vorreihe – 5 Lm – 1 DSt in dasselbe DSt – 2 Lm – 1 fM in die 4. Wende-Lm der Vorreihe.

7. Reihe:
5 Lm – 3mal (5mal (2 gem. abgem. DSt in einen Lm-Bogen – dazwischen je 1 Lm)) – 8mal (4mal (2 gem. abgem. DSt in einen Lm-Bogen – dazwischen je 1 Lm)) – 1 DSt in die 1. Wende-Lm der Vorreihe.

8. Reihe:
3 Lm – (1 St in den Lm-Bogen – 1 Lm) bis zum Ende wiederholen.

Den zweiten Fensterflügel nach derselben Anleitung häkeln.

Die Häkelteile mit Hilfsfäden in dem Rahmen befestigen. Den Rahmen mit fM umhäkeln und dabei die gehäkelten Fensterflügel mitfassen.

Vorhang
Der Vorhang ist aus Gittermaschen gehäkelt (siehe Filet-Häkeltechnik, Seite 7).

Jede Reihe beginnt mit 3 Wende-Lm für das erste St und endet immer mit einem St.

1. Reihe:
67 Lm anschlagen und in die 10. Masche (von der Nadel aus gezählt) 1 fM häkeln – 3 Lm – 2 Lm überspringen – 1 St – (3 Lm – 2 Lm überspringen – 1 fM – 3 Lm – 2 Lm überspringen – 1 St) bis zum Ende wiederholen.

Jede weitere 1. Reihe beginnt mit 6 Lm.

2. Reihe:
8 Lm – 1 St in das St der Vorreihe – (5 Lm – 1 St in das St) bis zum Ende wiederholen.

Bis zur 28. Reihe abwechselnd die Reihen 1 und 2 häkeln.

Ab der 29. Reihe für den Rundbogen wie folgt abnehmen:

29. Reihe:
9 Muster der 1. Reihe – 3 Lm – 1 fM.

30. Reihe:
5 Lm – 1 St auf das St der Vorreihe – 9 Muster der 2. Reihe.

31. Reihe:
8 Muster der 1. Reihe – 3 Lm – 1 fM.

32. Reihe:
5 Lm – 1 St auf das St der Vorreihe – 8 Muster der 2. Reihe.

33. Reihe:
7 Muster der 1. Reihe – 3 Lm – 1 fM.

34. Reihe:
5 Lm – 1 St auf das St der Vorreihe – 7 Muster der 2. Reihe.

35. Reihe:
6 Muster der 1. Reihe – 3 Lm – 1 fM.

36. Reihe:
5 Lm – 1 St auf das St der Vorreihe – 6 Muster der 2. Reihe.

37. Reihe:
5 Muster der 1. Reihe – 3 Lm – 1 fM.

38. Reihe:
3 Lm – 1 St auf das St der Vorreihe – 5 Muster der 2. Reihe.

Häkelschrift 1/Fensterflügel

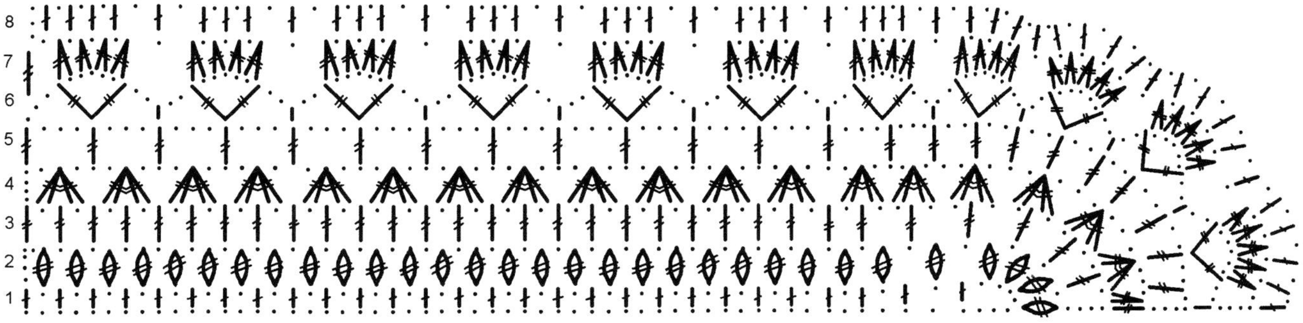

39. Reihe:
4 Muster der 1. Reihe – 3 Lm – 1 fM.

40. Reihe:
5 Lm – 1 St auf das St der Vorreihe – 4 Muster der 2. Reihe.

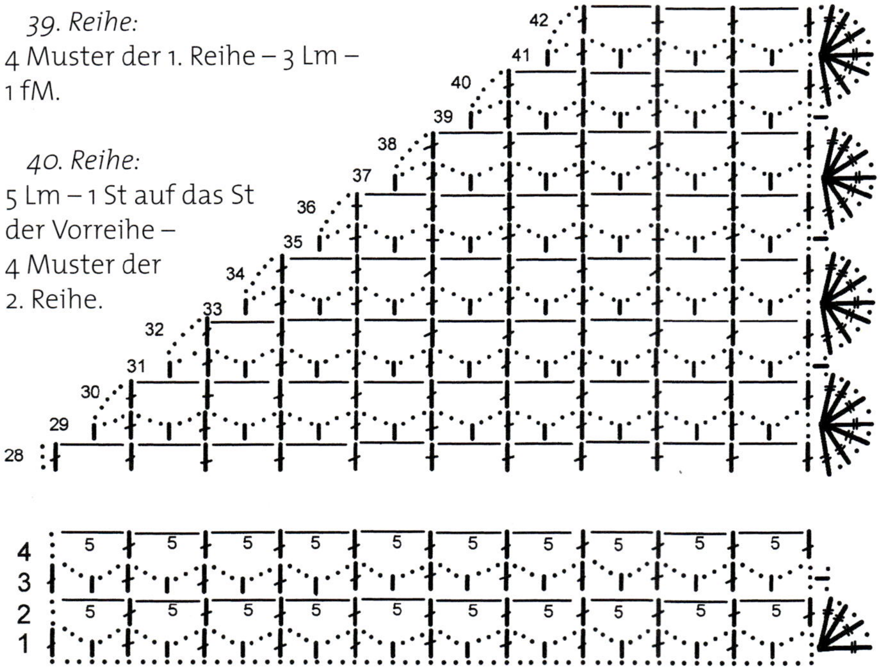

Häkelschrift 2 / Vorhang

41. Reihe:
3 Muster der 1. Reihe – 3 Lm – 1 fM.

42. Reihe:
5 Lm – 1 St auf das St der Vorreihe – 3 Muster der 2. Reihe.

Nach der 42. Reihe wird die Bogenspitze am Rand des Vorhangs angehäkelt:

Die Arbeit wenden und 7mal (1 Lm – 1 DSt) – 1 Lm in den Anfangsbogen der 41. Reihe häkeln – 1 fM in den Anfangsbogen der 39. Reihe – 7mal (1 Lm – 1 DSt) – 1 Lm in den Anfangsbogen der 37. Reihe – 1 fM in den Anfangsbogen der 35. Reihe – bis zur 3. Reihe fortsetzen – in den Anfangsbogen der 1. Reihe 4mal (1 Lm – 1 DSt) häkeln.

Den 2. Vorhang nach derselben Anleitung arbeiten.

Ausarbeitung

Den Vorhang bis zur 28. Reihe an den fM der Fensterflügel annähen.

Die Spitzen etwas übereinanderlegen und dem Rundbogen anpassen, dann mit fM in den Rundbogen häkeln.

Balkon
60 Lm anschlagen und in die 5. Masche (von der Nadel aus gezählt) das 1. St häkeln.

6 Reihen St häkeln.

Mit der 7. Reihe beginnt der Rand des Balkons; es wird nun in Runden gehäkelt:

7. Runde:
St bis zum Ende der Reihe häkeln. Nun wird in die Schmalseite des Bodens gestochen: 1 St in den Kopf des St der 6. Reihe – 1 St um

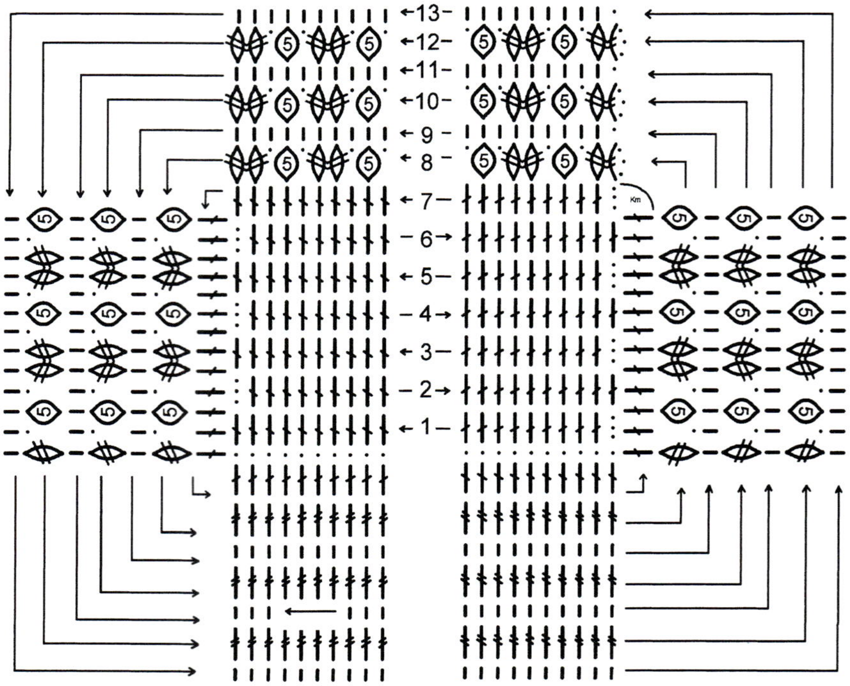

Häkelschrift 3 / Balkon

das St – 1 St in den Kopf des nächsten St – immer wiederholen, bis Sie zur 2. Längsseite (Rückseite) des Balkons kommen. Wieder St bis zum Ende der Reihe häkeln. Die zweite Schmalseite anschließen und die Runde mit einer Km schließen.

8. Runde:
3 Lm – 1 DSt in die Anfangs-Lm der 7. Reihe.

Mustersatz: 2 gem. abgem. DSt in das nächste St häkeln – 1 Lm – 1 St überspringen – 1 Büschelmasche, bestehend aus 5 gem. abgem DSt – 1 Lm – 1 St überspringen – 2 gem. abgem. DSt.

Diesen Mustersatz auf der Vorderseite und den beiden Schmalseiten des Balkons häkeln. Auf der Rückseite werden nur einfache DSt gearbeitet. Die Runde mit einer Km schließen.

9. Runde:
1 Lm – fM auf die gem. abgem. DSt und in die Lm der Vorrunde häkeln.

Die 8. und 9. Runde insgesamt 3mal häkeln.

Ausarbeitung

Die Rückseite des Balkons wird in die Öffnung des Fensters genäht.

Blumensteckmasse zurechtschneiden und in den Balkon stecken. Den oberen Rand mit Nadeln auf der Steckmasse befestigen und den Balkon mit kleinen Dekorblumen verzieren. Den Vorhang mit einem passenden Band zur Seite binden.

Clown-Parade

Material

- ✔ Baumwoll-Häkelgarn, meliert und uni in passenden Farben, Lauflänge ca. 125 m / 50 g
- ✔ Wollhäkelnadel Nr. 2,5 – 3
- ✔ Styropor-Ei, 10 cm Durchmesser

- ✔ Styropor-Kugel, 3 cm Durchmesser
- ✔ Plüschrest
- ✔ Wackelaugen, 20 mm Durchmesser
- ✔ Glöckchen
- ✔ 2 Knöpfe
- ✔ Dekorzylinder
- ✔ Zeichenkarton
- ✔ ca. 4 m rot-goldene Kordel, 4 mm
- ✔ Füllwatte
- ✔ Füllmaterial (z.B. getrocknete Sojabohnen, Erbsen) für Arme und Beine
- ✔ wasserlöslicher Lack, rot, lachs und weiß
- ✔ wasserfester Filzstift, schwarz
- ✔ 120 cm Vorhangtüll, 12 cm breit
- ✔ WC-Rolle

Anleitung

Körper

Es wird in Runden gehäkelt, jede Runde wird, wenn nicht anders angegeben, mit einer Km geschlossen.

Die Runden mit fM jeweils in einer Farbe, die St-Reihen in einer Kontrastfarbe häkeln.

Einen Fadenring bilden oder 6 Lm mit einer Km zum Ring schließen.

1. Runde:
1 Lm – 12 fM.

2. Runde:
1 Lm – 2 fM in jede Masche der Vorrunde.

3. Runde:
3 Lm – (2 St in eine Masche – 1 St) bis zum Ende wiederholen.

4. / 6. / 8. Runde:
1 Lm – 1 fM in jede Masche der Vorrunde.

5. / 7. / 9. Runde:
3 Lm – 1 St in die 1. Lm – (2 St – 2 St in eine Masche) bis zum Ende wiederholen.

10. / 12. / 14. / 16. / 18. / 20. / 22. / 24. / 26. / 28. / 30. / 32. Runde:
1 Lm – 1 fM in jede Masche der Vorrunde.

11. / 13. / 15. / 17. / 19. / 21. / 23. / 25. / 27. / 29. / 31. Runde:
3 Lm – 1 St in jede Masche der Vorrunde.

Ab der 19. Reihe für die »Hose« evtl. die Garnfarbe wechseln.

33. Runde:
4 Lm – 3 St überspringen – (1 fM – 3 Lm – 3 St überspringen) bis zum Ende wiederholen.

Der Körper sollte ca. 3 St-Reihen höher als die Papierrolle sein.

Eine lange Lm-Kette häkeln und durch die Lm-Bögen der letzten Runde ziehen. Den Körper über die Papierrolle ziehen und unten zusammenbinden.

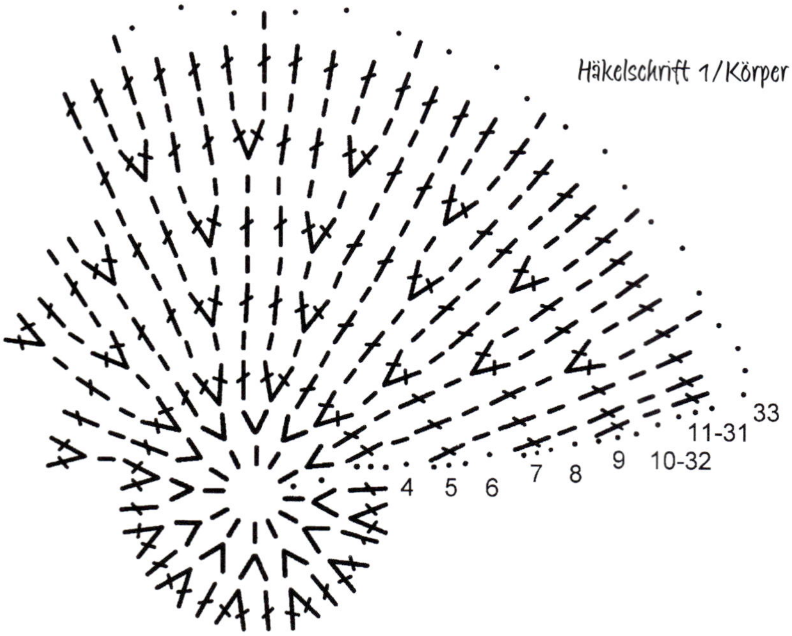

Häkelschrift 1/Körper

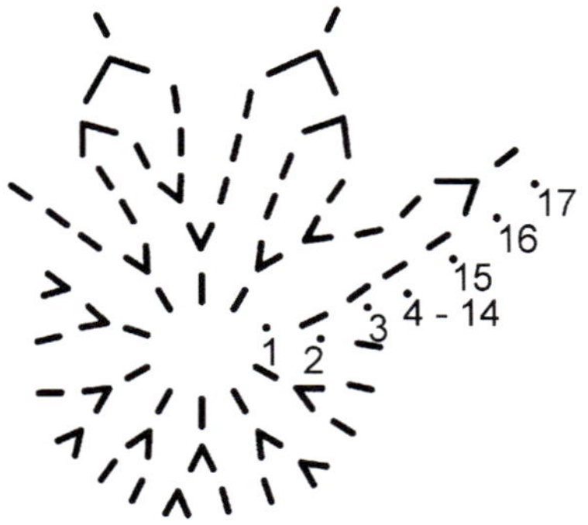

Häkelschrift 2/Hand

Hand

Es wird in Runden in einer Farbe gehäkelt.

Einen Fadenring bilden oder 6 Lm mit einer Km zum Ring schließen.

1. Runde:
1 Lm – 9 fM.

2. Runde:
1 Lm – 1 fM – 2 fM in jede Masche der Vorrunde.

3. Runde:
1 Lm – 1 fM – (2 fM in eine Masche – 2 fM) bis zum Ende wiederholen.

4. – 14. Runde:
1 Lm – 1 fM in jede Masche der Vorrunde.

15. Runde:
1 Lm – (2 fM – 2 fM zusammenhäkeln) bis zum Ende wiederholen.

Die Hand fest mit Füllwatte ausstopfen.

16. Runde:
1 Lm – (2 fM zusammenhäkeln) bis zum Ende wiederholen.

17. Runde:
1 Lm – 1 fM in jede Masche der Vorrunde.

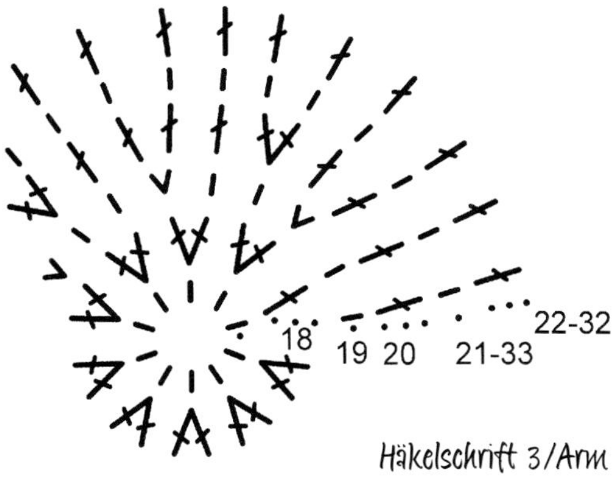

Häkelschrift 3/Arm

Arm
Die Arme schließen direkt an die 17. Runde (= 10 fM) der Hand an. Die Runden mit fM werden in der Farbe der Hand, die St in einer Kontrastfarbe gehäkelt.

18. Runde:
3 Lm – 1 St – (2 St in eine Masche der Vorrunde) bis zum Ende wiederholen.

19. Runde:
1 Lm – (2 fM – 2 fM in eine Masche) bis zum Ende wiederholen.

20. Runde:
3 Lm – (4 St – 2 St in eine Masche) bis zum Ende wiederholen.

21./23./25./27./29./31./33. Runde:
1 Lm – 1 fM in jede Masche der Vorrunde.

22./24./26./28./30./32. Runde:
3 Lm – 1 St in jede Masche der Vorrunde.

Die zweite Hand und den zweiten Arm genauso häkeln.

Zwei Drittel des Armes mit Bohnen oder Erbsen füllen und oben zusammennähen. Die fertigen Arme an der Schulter (oberer Rand der Papierrolle) annähen.

Schuh

1. Runde:
5 Lm anschlagen – in die 2. Lm (von der Nadeln aus gezählt) 5 fM häkeln – 2 fM – 5 fM in die letzte Lm – 2 fM auf der Rückseite der Lm-Reihe.

2. Runde:
1 Lm – 2 fM in eine Masche – 1 fM – 2 fM in eine Masche – 4 fM – 2 fM in eine Masche – 1 fM – 2 fM in eine Masche – 4 fM.

3. Runde:
1 Lm – 1 fM – 2 fM in eine Masche – 1 fM – 2 fM in eine Masche – 6 fM – 2 fM in eine Masche – 1fM – 2 fM in eine Masche – 5 fM.

4. Runde:
1 Lm – 1 fM – 2 fM in eine Masche – 3 fM – 2 fM in eine Masche – 6 fM – 2 fM in eine Masche – 3 fM – 2 fM in eine Masche – 5 fM.

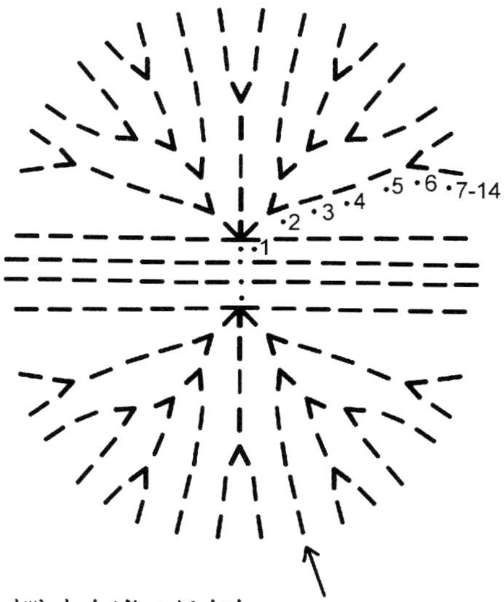

Häkelschrift 4/Schuh

5. Runde:
1 Lm – 1 fM – 2 fM in eine Masche – 2 fM – 2 fM in eine Masche – 2 fM – 2 fM in eine Masche – 6 fM – 2 fM in eine Masche – 2 fM – 2 fM in eine Masche – 2 fM – 2 fM in eine M – 5 fM.

6. Runde:
1 Lm – 2 fM in eine Masche – 2 fM – 2 fM in eine Masche – 4 fM – 2 fM in eine Masche – 2 fM – 2 fM in eine Masche – 4 fM – 2 fM in eine Masche – 2 fM – 2 fM in eine Masche – 4 fM – 2 fM in eine Masche – 2 fM – 2 fM in eine Masche – 4 fM.

7. – 14. Runde:
1 Lm – 1 fM in jede Masche der Vorrunde.

Den Schuh mit Füllwatte fest ausstopfen.

Die Spitze des Schuhs wie folgt mit Km zusammenhäkeln:
In die 1. fM einstechen und mit der 18. Masche der Runde durch 1 Km verbinden. Die gegenüberliegenden Maschen in Häkelrichtung bis zur Spitze mit Km (insgesamt 9 Km) zusammenhäkeln. Den Faden beim Abschneiden lang genug lassen und damit das Glöckchen an der Spitze des Schuhs annähen.

Bein
An der Rückseite des Schuhs mit der Kontrastfarbe neu anketten und in Runden weiterarbeiten. Jede Runde mit einer Km schließen. Die fM werden in der Farbe des Schuhs, die St-Runden in der Kontrastfarbe gehäkelt.

15. Runde:
1 Lm – 1 fM in jede Masche der Vorrunde.

16. Runde:
3 Lm – (2 St in eine Masche der Vorrunde) bis zum Ende wiederholen.

17. / 19. / 21. / 23. / 25. / 27. / 29. / 31. / 33. / 35. / 37. Runde:
1 Lm – 1 fM in jede Masche der Vorrunde.

18. / 20. / 22. / 24. / 26. / 28. / 30. / 32. / 34. / 36. Runde:
3 Lm – 1 St in jede Masche der Vorrunde.

38. Runde:
3 Lm – (2 St zusammenhäkeln) bis zum Ende wiederholen.

39. Runde:
1 Lm – 1 fM in jede Masche der Vorrunde.

Zwei Drittel des Beines mit Bohnen oder Erbsen füllen.

40. Runde:
3 Lm – (2 St zusammenhäkeln) bis zum Ende wiederholen.

Den Faden beim Abschneiden lang genug lassen, durch die letzte Reihe ziehen und fest zusammenziehen.

Den zweiten Schuh und das zweite Bein genauso häkeln.

Die Beine an der Vorderseite des Körpers annähen, dabei immer in die fM der 37. Runde stechen.

Hosenträger
4 Lm anschlagen und 16 Reihen fM häkeln. Den zweiten Hosenträger genauso häkeln. An der Vorderseite mit einem Knopf befestigen und an der Schulter annähen.

Kopf
Die Konturen des Gesichts mit einem weichen Bleistift auf dem Styropor-Ei vorzeichnen. Die Maske und die Augen mit weissem, den Rest des Kopfes mit lachsfarbenem Lack bemalen (siehe Foto, Seite 43). Die Styropor-Kugel rot lackieren und nach dem Trocknen als Nase mit einem Zahnstocher im Gesicht fixieren.

Die Konturen mit einem Filzstift schwarz nachziehen, den Mund einzeichnen und die Wackelaugen aufkleben. Den Plüschrest nach der Vorlage oben zurechtschneiden (Plüschstoff doppelt legen, die gestrichelte Linie der Vorlage wird am Stoffbruch angelegt) und als Haare aufkleben. Als Hals drei Zahnstocher in das Ei stechen.

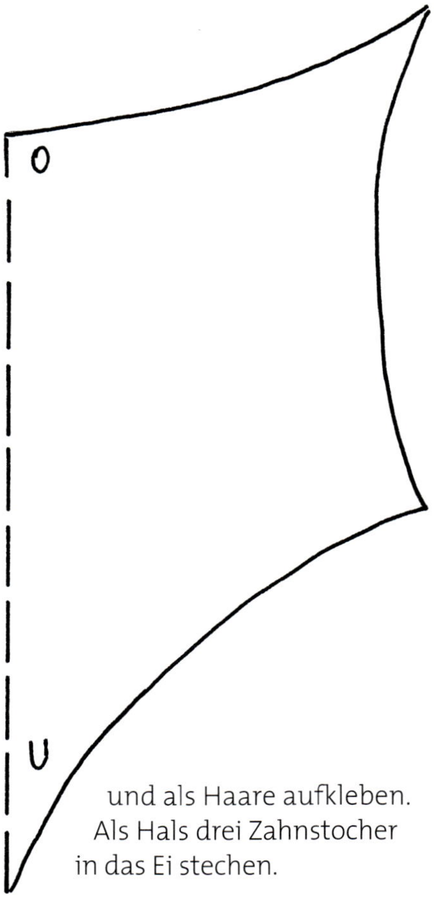

Halskrause
Den Vorhangrest der Länge nach zusammenlegen und in der Mitte einkräuseln, den Faden fest zusammenziehen und verknoten. Die Halskrause auf den Körper legen und den Kopf in die Mitte stecken.

Spitzhut
Aus stärkerem Zeichenkarton einen Halbkreis von ca. 8 cm Durchmesser ausschneiden, zur Spitze formen und solange zusammenschieben, bis er auf den Kopf des Clowns passt. Die überlappenden Teile zusammenkleben und die Spitze ein wenig abschneiden, damit der Anfang der Kordel durchgesteckt werden kann.

Kordelende verknoten und von innen durch die Hutspitze fädeln. Den Hut von der Spitze aus mit der Kordel bekleben.

Flaschendekoration »Pudel«

Material

weisser Pudel

- 100 g weisses Chenille-Garn, Lauflänge 78 m / 50 g
- ca. 50 g weisse Strickwolle, Lauflänge 165 m / 50 g
- Wollhäkelnadel Nr. 3 – 3,5
- Wackelaugen, oval, 12 mm Durchmesser
- 9 Pompons, 4 cm Durchmesser
- grünes Dekorband
- Piccolo-Sektflasche

grauer Pudel

- 150 g graues oder schwarzes Effektgarn, Lauflänge 60 m/50 g
- Wollhäkelnadel Nr. 3 – 4
- Wackelaugen, oval, 15 mm Durchmesser
- 9 Pompons, 5 cm Durchmesser
- rotes Dekorband
- Sektflasche (0,75 l)

Anleitung

Körper

Es wird in Runden gehäkelt, jede Runde wird, wenn nicht anders angegeben, mit einer Km geschlossen.

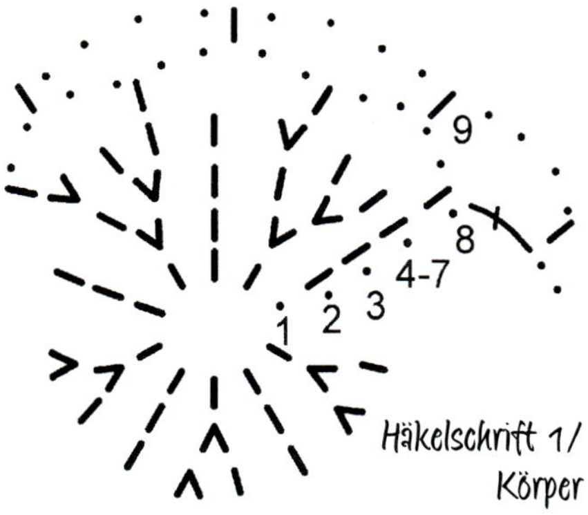

Häkelschrift 1/ Körper

Einen Fadenring bilden oder 6 Lm mit einer Km zum Ring schließen.

1. Runde:
1 Lm – 9 fM.

2. Runde:
1 Lm – (1 fM – 2 fM in eine Masche der Vorrunde) bis zum Ende wiederholen.

3. Runde:
1 Lm – 1 fM – (2 fM in eine Masche – 2 fM) bis zum Ende wiederholen.

4. – 7. Runde:
1 Lm – (3 fM – 2 fM in eine Masche) bis zum Ende wiederholen.

Für die größere Flasche die 7. Runde so oft wiederholen, bis sie den

Durchmesser des Flaschenbodens erreicht hat.

Ab der 8. Runde werden die Runden mit 2 Lm und einem St in die Anfangs-Lm geschlossen.

8. Runde:
1 Lm – (1 fM – 4 Lm – 2 Maschen überspringen) bis zum Ende wiederholen.

Die 8. Runde so lange wiederholen, bis sich der Körper über die ganze Flasche ziehen lässt. Den Faden abschneiden und gut vernähen. Eine Lm-Kette häkeln, durch die letzte Reihe ziehen und oberhalb des Flaschenhalses zusammenbinden.

Kopf
Es wird in Runden gehäkelt, jede Runde wird mit einer Km geschlossen.

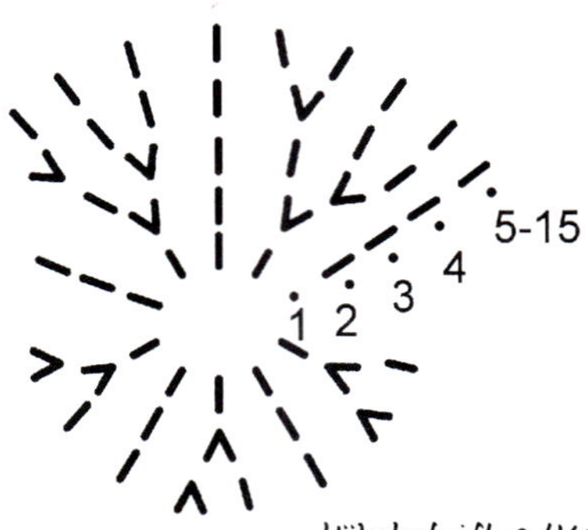

Häkelschrift 2/Kopf

Einen Fadenring bilden oder 6 Lm mit einer Km zum Ring schließen.

1. Runde:
1 Lm – 9 fM.

2. Runde:
1 Lm – (1 fM – 2 fM in eine Masche der Vorrunde) bis zum Ende wiederholen.

3. Runde:
1 Lm – 1 fM – (2 fM in eine Masche – 2 fM) bis zum Ende wiederholen.

4. Runde:
1 Lm – (3 fM – 2 fM in eine Masche) bis zum Ende wiederholen.

Für einen größeren Kopf wird die 4. Runde noch einige Male wiederholt.

Ab der 5. Runde werden fM gehäkelt, bis der Kopf groß genug ist und über den Flaschenhals gezogen werden kann.

Ausarbeitung

Für die Beine werden 4 Pompons, wie auf dem Foto auf Seite 47 ersichtlich, an den Körper angenäht. 1 Pompon für den Schwanz an der Rückseite festnähen. Für den Kopf 4 Pompons als Nase, Ohren und Schopf annähen. 2 Wackelaugen aufkleben und den fertigen Pudel mit Schleifen dekorieren.

Die Deutsche Bibliothek – CIP-Einheitsaufnahme

Ein Titeldatensatz für diese Publikation ist bei Der Deutschen Bibliothek erhältlich.

Fotografie: Christian Kargl, München
Lektorat: Margit Bogner
Umschlagkonzeption:
Kontrapunkt, Kopenhagen
Satz und Layout:
Anton Walter, Gundelfingen
Umschlaglayout:
Charmaine Müller, Karin Kristen

Augustus Verlag München 2001

Reproduktion: GAV Prepress, Gerstetten
Druck und Bindung: Uhl, Radolfzell

Gedruckt auf 115 g umweltfreundlich elementar chlorfrei gebleichtes Papier.

ISBN 3-8043-0901-1

Printed in Germany